DOLOMITI

DOLOMITI GEOSCAPE: GEOGRAFIA+GEOLOGIA=PAESAGGIO
DOLOMITI GEOSCAPE: GEOGRAPHY+GEOLOGY=LANDSCAPE

a cura di/edited by **Pino Scaglione**

Nota editoriale

DOLOMITI è il primo di una collezione di volumi annuali sulle Dolomiti, con uno sguardo diverso e più acuto rispetto alla iconografia tradizionale di questi luoghi, di recente patrimono Unesco.
Uno sguardo frutto del lavoro incrociato tra fotografia, architettura e urbanistica che articolano, insieme, ricerche sul paesaggio alpino nell'Atelier Around Dolomiti, istituito presso l'Università di Trento in collaborazione con altre Scuole di Architettura europee.
Questo primo volume è composto da originali immagini del fotografo Gregor Sailer e da una serie di testi che descrivono i diversi passaggi, dalla candidatura Unesco, alla natura delle Dolomiti, fino alle prime ricerche avviate sul questo affascinante complesso naturale.
"Geoscape" è la sintesi che rappresenta al meglio l'area dolomitica, frutto di uno straordinario incrocio tra geografia e geologia determinanti il paesaggio, ma alludendo anche ad una nuova maniera di affrontare la conoscenza e il progetto per i contesti di particolare sensibilità.

Editorial note

DOLOMITI is the first of a collection of annual books on the Dolomites, with a different look and more attentive than of the traditional iconography of these places, recently UNESCO heritage.
A look, result of crossing work of the photography, architecture and urbanism wich explain, together, research on the alpine landscape in the Atelier Around Dolomites, established at the University of Trento in cooperation with other European Schools of Architecture.
This first volume consists of the original images of the photographer Gregor Sailer and a series of texts that describe the various steps from the UNESCO nomination, to the nature of the Dolomites, until the first studies undertaken on this fascinating natural complex.
"Geoscape" is a summary that best represents the dolomitic area, the result of a unique cross between geography and geology to defining the landscape, but also alluding to a new way of addressing the knowledge and the design for the contexts of particular sensitivity.

Autori

Giuseppe (Pino) Scaglione, architetto, Professore di Urban Design and Landscape, all'Università di Trento. Autore di significative e originali pubblicazioni sui temi della città e del progetto contemporanei. E' direttore di "monograph.it" e di ALPS.

Gregor Sailer nasce a Schwaz (Austria) nel 1980. Dopo aver studiato fotografia in prestigiose scuole europee, si laurea in Design della Comunicazione all'Università di Dortmund. Ha esposto le sue immagini in numerose mostre, tra cui l'importante lavoro su Ladiz, da dove ha preso avvio la sua ricognizione sulle Alpi.

Authors

Giuseppe (Pino) Scaglione, architect, is Professor in Urban Design and Landscape, in Trento University. He is author of original books about the city and contemporary design issues. He is director of the "Monograph.it" and "ALPS".

Gregor Sailer was born in Schwaz (Austria) in 1980. After having studied photography in prestigious European schools, he graduated in Communication Design at University of Dortmund. He exposed his pictures in many exhibitions, among which his important work about Ladiz, which inspired his recognition on the Alps.

INDICE INDEX

4	Introduzione / Foreword		123	**ATELIER AROUND DOLOMITI**
5	**DOLOMITI GEOSCAPE**		124	L'Atelier Around Dolomiti / The Atelier Around Dolomites
10	Natura / Nature		128	Cerchi dolomitici / Dolomitic circles
30	Insediamenti / Settlements		132	Genesi di un paesaggio / Genesis of a landscape
50	Infrastrutture / Infrastructures		136	Trasformazioni / Transformations
73	**LETTURE INCROCIATE / CROSS READINGS**		140	Geoparco / Geopark
74	Dolomiti, patrimonio Unesco. Storia di una candidatura / Dolomites, Unesco heritage. Story of a nomination		146	Dolomiti e infrastrutture alpine / Dolomites and alpine infrastructures
78	Le Dolomiti per la vittoria della bellezza / The Dolomites for the victory of beauty		150	Dolomiti a pagamento / Dolomites on payment
81	Il paesaggio delle Dolomiti Unesco / The landscape of the Unesco Dolomites		152	Dal paesaggio all'architettura / From the landscape to the architecture
86	Dolomiti Geoscape / Dolomite Geoscape		156	Passi dolomitici / Dolomitic passes
99	Dolomiti tra scienza e natura / Dolomites between science and nature		162	Appendice
104	Dolomicity			
110	Dolomiti nell'immaginario collettivo e figurativo / The Dolomites in the collective and figurative imaginary			
116	Quale architettura per le Dolomiti / Which architecture for the Dolomites			

In copertina: Gregor Sailer, Passo di Giau

INTRODUZIONE
FOREWORD

Il tema delle Dolomiti Unesco è una stimolante occasione di ricerca per la nostra Facoltà. Dalle componenti geologiche, a quelle idrauliche e tettoniche, ambientali ed ecologiche, urbanistiche e paesaggistiche, le competenze acquisite e il lavoro scientifico e didattico dei nostri docenti sono in grado di fornire risposte e proposte a questioni salienti che nei prossimi anni riguarderanno l'equilibrio di questo patrimonio dell'umanità.
Questo volume, frutto della prima sperimentazione avviata al V anno di Progettazione Urbanistica del Corso di Laurea di Edile/Architettura, e che ha coinvolto enti e istituzioni locali, in questo percorso, sembra aprire un nuovo filone di indagine che segue più da vicino la realtà dei luoghi in cui la nostra Scuola opera e forma i futuri progettisti. Con uno sguardo attento e trasversale che va dalla fotografia, alla letteratura e arti, all'ingegneria, all'urbanistica e all'architettura a comprendere, nel suo vasto insieme, il paesaggio. Nei prossimi mesi il tema della Dolomiti diventerà terreno fertile di ulteriori sperimentazioni e attività di ricerca, con l'obiettivo di rendere un prezioso servizio alla collettività, alle amministrazioni interessate, allo stesso patrimonio Unesco.

*Marco Tubino, Preside della Facoltà di Ingegneria,
Università di Trento*

The Dolomites Unesco issue is an exciting research opportunity for our Faculty. From the geological components to the hydraulic and tectonic, environmental and ecological, to planning and landscape, skills and educational, scientific work of our teachers are able to provide answers and proposals to emerging questions, in the coming years, in the balance of this Unesco heritage places.
This volume, result of the first experiment started from the fifth year of Urban Design of Degree Course of Building Design/Architecture, with local institutions involved in this process, seems to open a new line of investigation that follows more closely the reality of this places, where our school work is the train of future engineering/architects. With a look careful and transverse ranging from photography, literature and arts, engineering, planning and architecture, to include, in its wide range, the landscape. In the coming months the Dolomites issue, to will become fertile subject for further experimentation and research, with the aim of making a valuable service to the community, the local governments and the Unesco heritage.

*Marco Tubino, Dean of the Faculty of Engineering,
University of Trento*

Questo libro
–
Questo libro nasce per la fortunata coincidenza di passioni e ragioni. Da un lato il desiderio di Dario Martinelli, patron della Printer Trento -importante realtà tipografica con base trentina, ma lavori in tutta Europa- di dedicare parte del proprio appassionante lavoro -di stampatore eccellente- ai propri luoghi. Dall'altra la ricerca nell'università di Trento, di chi scrive,

This book
–
This book is the result of a fortunate coincidence of passions and reasons. On one side we have the desire of Dario Martinelli, patron of Printer Trento – an important Trentino based typographer which operates also throughout Europe – to dedicate part of his work – as an excellent printer – to his area. On the other side we find the research of those, from

su un tema così particolare come le Dolomiti, le Alpi, i luoghi naturali eccellenti, i paesaggi e i territori sensibili, insieme alla esperienza di book designer e direttore di una piccola, ma sofisticata casa editrice con base a Barcellona e a Trento.
A questa sinergia, pura, si sono uniti il lavoro e l'entusiasmo del giovane fotografo tirolese Gregor Sailer, che ha scattato le "istantanee" dei giganti rosa pallido a fine agosto 2010, e poi la dedizione dei miei allievi alle Dolomiti Unesco, i contributi degli Assessori Gilmozzi e Laimer, la cortese disponibilità del dottor Fabio Scalet, dell'architetto Micheletti, dei miei ottimi collaboratori universitari -gli architetti Demetz, Franceschini e Winterle- e la curiosità di Michele Lanzinger per questi temi.
Il libro, però, non avrebbe visto luce senza la competenza di Susanna Geier, di Valentino Martinelli e di tutto lo staff della tipografia, e soprattutto senza il raffinato design grafico nato dalla collaborazione di Massimiliano Scaglione e Daniele Sandri, e le necessarie traduzioni in inglese della giovane allieva Violeta Toro Freund che lo rendono "very international"!
L'idea è di farne una collezione, con un volume ogni anno, che arricchisca la conoscenza di questi luoghi, con sguardi ogni volta diversi di fotografi giovani o affermati, in grado di restituire la dimensione, complessa e multiforme, a volte contraddittoria, di questi luoghi e per capirne la grandiosità, ma anche le problematiche. Ed è quello che abbiamo provato a fare con questo primo "sguardo eclettico", non oleografico, ma incisivo di Sailer, che racconta la natura, l'insediamento, l'infrastruttura, sopra e intorno delle Dolomiti ed è quello che fanno le prime "inchieste" degli allievi dell'Atelier Dolomiti che negli anni si arricchiranno di altri contributi -di altri allievi- fino a costituire quel bagaglio importante di idee che solo la ricerca può far emergere nelle forme più originali e innovative. Il mio necessario e sincero grazie va dunque a tutti, per lo sforzo compiuto e i brillanti risultati che il lettore attento saprà apprezzare.

Pino Scaglione, settembre 2010

the University of Trento, who write about a theme so particular regarding the Dolomites, the Alps, excellent natural treasures and sensitive landscapes and territories, together with the experiences of the book designer and director of a small yet sophisticated publishing house with offices in Barcelona and in Trento. To this pure synergy, was added the work and enthusiasm of the young Tyrolese photographer, Gregor Sailer, who took some wonderful "snapshots" of the pale pink giants at the end of August 2010, the dedication of my students to the Unesco Dolomites, the contribution of Councilors Gilmozzi and Laimer, the courteous availability of Doctor Fabio Scalet and Architect Micheletti, my magnificent collaborators from the university – Architects Demetz, Franceschini and Winterle – and the curiosity of Michele Lanzinger regarding these themes.
The book, however, would not have been possible without the competence of Susanna Geier, Valentino Martinelli and the typography staff, and especially without the refined graphic design, outcome of the collaboration between Massimiliano Scaglione and Daniele Sandri, and the necessary translations into English by the young student Violeta Toro-Freund, which give the book a "very international" feel!
The idea is to create a collection, one volume per year, which enriches the knowledge of these places through the ever-changing viewpoint of young and established photographers, with their ability to express the complex, multiform and, at times, contradictory, dimension of these places, assimilating their magnitude, yet also their predicaments. This is what we have attempted to achieve through this first "eclectic", unconventional yet incisive glance by Sailer, which describes nature, settlements, infrastructure, both in and around the Dolomites, themes that also constituted the starting point for the "enquiries" conducted by the students of Altelier Dolomiti and that, throughout the years, will be enriched with further contributions – by future students – accumulating ideas that only research can represent in their most original and innovative forms. My necessary and sincere gratitude goes, therefore, to everyone for their effort and for the brilliant results that surely the attentive reader will appreciate.

Pino Scaglione, September 2010

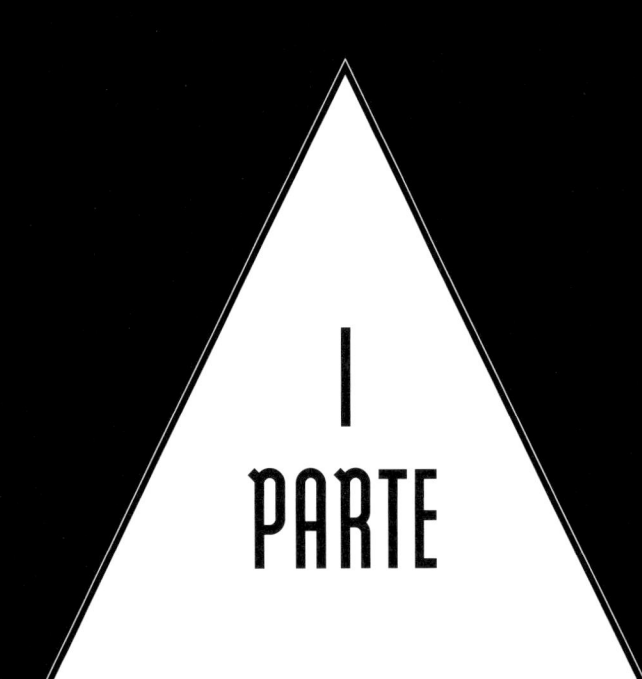

DOLOMITI GEOSCAPE

Fotografie di Gregor Sailer

Pictures by Gregor Sailer

Alpe di Siusi, by Gregor Sailer

Da sempre le regioni dolomitiche esercitano un grande fascino su turisti e alpinisti, ma anche sugli stessi abitanti di queste aree. La ripida durezza delle pareti di roccia, difficili da dominare, troneggia su paesaggi dolci dando luogo ad un contrasto molto intenso. La terra dei miti e delle fiabe. Ma dietro le immagini idilliache da "cartolina", utilizzate dalla pubblicità, esistono altre realtà.

Da molti anni tutte le regioni alpine stanno attraversando un massiccio processo di metamorfosi. L' urbanizzazione delle valli ha comportato, da una parte la trasformazione delle infrastrutture e dall'altra l'accesso delle vette ai turisti. Le cui conseguenze sono state: una forte modificazione del paesaggio e un maggiore affollamento dei luoghi.

Le mie fotografie cercano di restituire proprio questa trasformazione, ovvero di mostrare un ritratto attuale dei territori alpini, diverso da quello fittizio della pubblicità, che riporta solo quello che si vede sopra la cima degli alberi, mentre al di sotto si trova un fitto tessuto urbano.
In questo progetto la fotografia è documentazione, non idealizzazione. Per questo preferisco lavorare quando il tempo è brutto e la luce fa assumere una certa durezza alle immagini, nello stesso tempo ricerco anche un contraltare estetico al *glamour* dei paesaggi riportati dalla pubblicità.

Tourists and mountaineers have always been fashinated by the Dolomite regions, as well as the inhabitants of these areas. The steep hard rock faces, difficult to dominate, stands on soft landscapes, giving rise to an intense contrast. The land of myths and fairy tales. But behind the idyllic „postcard" images, used by advertising, there are other realities.

For many years all the Alpine regiones have been through a massive to process of metamorphosis. Urbanization in the valleys has led to the transformation of the infrastructures and facilitated the access of the tourists to the peaks.
The consequences are: a strong modification of the landscape and more crowded places.

My pictures are an attempt to render exactly this transformation, or rather to show an actual portrait of alpine areas, different from the fictional advertising, which shows only what is seen above the treetops, while below there is a dense urban web. In this project, pictures are a documentation, not an idealization. For this I prefer to work when the weather is bad and the light confer a certain harshness to the images, at the same time I seek a counterpoint to the glamorous beauty of the landscapes, displayed by advertising.

Molte valli dolomitiche vivevano in povertà prima dell'avvento del turismo di massa, come del resto quasi tutti i territori alpini. Un esempio su tutti lo offrono i tetti di lamiera delle vecchie case che vengono mostrate nelle mie immagini in contrapposizione ai nuovi edifici. Molti di questi paesi di montagna si sono modificati nel tempo rispetto alla forma originaria. Sono sorti degli hotel per turisti senza fascino. Solo la pubblicità li definisce "autentiche" case di montagna perchè questa è l'immagine che si vuole vendere. Allora per far marciare la macchina degli investimenti diventa necessaria una rete efficiente di infrastrutture. Piste da sci sempre più ampie e una rete di strade che permettano l'accesso a tutta la regione.

Colonne di lamiere senza soluzione di continuità si formano nei giorni assolati sui valichi e i passi fino a 2000 m di quota, per poi ridiscendere a valle. Questi tratti di strada sono perennemente smantellati per essere ulteriormente assestati e protetti, per permettere ad un numero maggiore di persone di conquistare comodamente la vetta.

Si impone ora la domanda su quanto ancora il sensibile ecosistema delle Dolomiti riesca a sostenere questi interventi e quali sono i limiti a questo processo di modificazione. In definitiva si tratta di una questione cruciale per lo sviluppo economico di tutta le regione alpina.

Gregor Sailer

Many dolomitic valleys have experienced poverty before the advent of mass tourism, like most of the alpine areas. Above all, an example are the tin roofs of the old houses which are shown in my pictures, in opposition to the new buildings. Many of these mountain villages have considerably changed over time. Many hotels without any charm have been built for tourists.
Only advertising define this hotels and resorts „authentic" mountain houses, just because this is the image they want to sell. Then, to let the machine of the investments keep going it needs an efficient infrastructure network. Always bigger ski slopes and a network of strees that allow access to the entire region.

Columns of sheet metal, without interruption, get formed on sunny days on the passes up to 2000 meters altitude, to descend, then, to the valley. These road sections are permanently dismantled to be further reinforced and protected, to allow the most people possible to gain easily the peak.

This model bings the question on how long the sensitive ecosystem of the Dolomites is able to support these interventions and what are the limits to this process of change. Ultimately this is a crucial issue for economic development throughout the Alpine region.

Gregor Sailer

NATURA / NATURE

INSEDIAMENTI / SETTLEMENTS

INFRASTRUTTURE / INFRASTRUCTURES

LETTURE INCROCIATE
CROSS READINGS

Passo Sella, by Gregor Sailer

PRESENTAZIONE
DOLOMITI, PATRIMONIO UNESCO. STORIA DI UNA CANDIDATURA

PRESENTATION
DOLOMITES, UNESCO HERITAGE. STORY OF THE NOMINATION

Mauro Gilmozzi

Assessore agli Enti Locali e Urbanistica della Provincia Autonoma di Trento
Councillor of Urbanism and Local Government of Provincia Autonoma di Trento

Con il riconoscimento delle Dolomiti a Patrimonio dell'Umanità si è aperta una sfida importante non solo per allineare le politiche dei cinque territori su cui insistono le Dolomiti - Trento, Bolzano, Belluno, Pordenone e Udine - ma per cominciare a discutere di politica ed economia della montagna a livello nazionale. Un'opportunità importante che, contestualmente al riconoscimento di Siviglia del 26 giugno scorso, abbiamo proposto anche a livello nazionale e in particolare al ministro per l'Ambiente Stefania Prestigiacomo. Investire culturalmente in questa prospettiva è un'occasione da non perdere che il Trentino sta già percorrendo con la Scuola di governo del territorio e del paesaggio. Dedicata alla formazione e gestita da Trentino School of Management, la Scuola, è nata con l'obiettivo di promuovere e diffondere una vera cultura del paesaggio, elemento costitutivo dell'identità e della tradizione trentina e componente essenziale di una pianificazione che veda paesaggio, territorio e sviluppo in equilibrata relazione. L'innovativo processo di cambiamento nella gestione del territorio nasce dal nuovo Piano urbanistico provinciale, il terzo della storia dell'Autonomia speciale e trova nel nuovo status

The recognition of the Dolomites as a World Heritage Site represents an important challenge, not only in terms of aligning the policy in the five areas covered by the Dolomites - Trento, Bolzano, Belluno, Pordenone and Udine – but also as regards discussion of the policy and the economy of the mountains at a national level. This is an important opportunity which we also put forward at a national level when the recognition took place in Seville on the 26th of June last year, particularly to the Minister for the Environment, Stefania Prestigiacomo. Investing culturally in this context is an occasion not to be missed, an occasion that Trentino has already begun to explore with the School for Area and Landscape Administration. Dedicated to training and supervised by the Trentino School of Management, the school was set up with the objective of promoting and disseminating a genuine culture of the landscape, as an element representing the identity and traditions of Trentino and as an essential component of planning, involving a balanced relationship between landscape, the area and development. This innovative approach to the management of the area developed out of the new provincial planning scheme, the third

delle Dolomiti un'imperdibile opportunità. I progetti formativi proposti dalla Scuola aiutano amministratori, funzionari e soggetti del territorio coinvolti nel processo di cambiamento del Trentino, Riforma istituzionale in testa, ad affrontare le mutazioni in corso sia in ambito di progettazione urbanistica sia in quello istituzionale. Il valore del paesaggio e del territorio è, per il Trentino, imperdibile. Acquisire consapevolezza di questo concetto non è scontato e il valore universale delle Dolomiti impone responsabilità nella loro tutela e gestione. Per l'elaborazione di una visione condivisa sul significato di gestione di un bene patrimonio dell'umanità, lo scorso 13 novembre, si è svolto un convegno a cui hanno partecipato esperti di formazione, architetti del paesaggio, filosofi, economisti e comunicatori.

Una proposta di riflessione articolata seguita da oltre 200 persone fra cui sindaci, consiglieri provinciali, rappresentanti della società di marketing territoriale Trentino S.p.a., direttori di aziende di promozione turistica, di parchi e musei, esponenti delle associazioni ambientaliste e culturali, cittadini e operatori degli ambiti sociali. Un primo passo per un progetto di formazione a 360 gradi sul significato di paesaggio come elemento base per un processo di cambiamento che non può prescindere dalla condivisione e partecipazione dei soggetti del territorio.

Le Dolomiti fanno parte del paesaggio nella loro interezza, sono uno spazio di vita che va governato e considerato nel giusto approccio. L'uomo c'è, si integra con il paesaggio attraverso il suo lavoro e la qualità della vita. È necessario tornare a discutere di futuro con la gente. E l'elemento innovativo forte è proprio quello di farlo attraverso una vera partecipazione allo sviluppo, una coesione sociale. Un capitale, quello sociale, che ha bisogno di far lavorare le imprese in un tessuto di qualità e per farlo abbiamo bisogno di conoscenza e di piani di azione. Abbiamo bisogno di essere accompagnati in un percorso di crescita comune. Per questo è nata la Step, (Scuola di governo del territorio e del paesaggio), punto di riferimento importantissimo per ragionare sull'urbanistica, sull'architettura, sul modo di costruire, sulle Dolomiti come grande opportunità di sviluppo sostenibile. Per cambiare la prospettiva verso il paesaggio è decisiva l'educazione e la formazione perché a noi politici, amministratori e adulti di oggi,

since Trentino was granted special autonomy, while the new status of the Dolomites offers an opportunity not to be missed. The training projects offered by the school help administrators, officials and organisations in the area involved in the process of changing Trentino, above all in terms of institutional reform, to deal with the changes underway, in the context of both urban and institutional planning. For Trentino, the value of the landscape and the area is inalienable. Acquiring an awareness of this concept cannot be taken for granted and the universal value of the Dolomites implies a responsibility for their safeguarding and management. In order to develop a shared vision of the significance of managing a World Heritage Site, on 13 November 2010 a conference was held, attended by experts in training, landscape architects, philosophers, economists and those responsible for comunication.

A detailed proposal for consideration has been drawn up with the assistance of more than 200 people including Mayors, provincial councillors, representatives of the area marketing company Trentino S.p.a., managers of tourist offices, parks and museums, representatives of environmental and cultural associations, residents and those working in the social sector. This is the first step in an wide-ranging training project dedicated to the significance of the landscape as a basic element in the process of change, which must necessarily see the involvement and participation of all the relevant players in the area.

The Dolomites are a part of the landscape in their entirety, they are a living space which must be managed and considered using the right approach. Man exists, integrating within the landscape through his work and the quality of life. It is necessary once again to discuss the future with people and the most significant innovative element is precisely the decision to do so through genuine participation in development and through social cohesion. This social capital involves businesses operating within a fabric marked by quality and to ensure this we need knowledge and plans of action. We need to be accompanied in a process of common development. For this reason STEP (Scuola di governo del territorio e del paesaggio: School for Area and Landscape Administration) was set up as a vital point of reference for the study of town-planning, architecture, construction methods and the Dolomites as a

spetta il compito di consegnare le risorse e il paesaggio alle generazioni del futuro. L'uomo con il suo agire crea luoghi di vita e questo nostro tempo - dicono i filosofi - fa i conti con la disacralizzazione della natura. Per operare in modo corretto è necessario, quindi, usare un'etica che ci permetta sviluppo ma che, al contempo, comprenda la tutela del paesaggio. Per questo la formazione in ambito paesaggistico deve entrare nel cuore della gente. E, per la gestione del cambiamento nel modo di vivere il territorio, di fare economia, la formazione ha un ruolo centrale. È il paesaggio con le tutte le infrastrutture di trasporto di comunicazione, con il turismo, l'agricoltura, l'artigianato, l'edilizia a costituire il primo obiettivo del Bene Dolomiti. Per avviare e gestire questo cambiamento non bisogna fermarsi al contingente, bisogna avere il coraggio di pensare in grande. Se vogliamo continuare a vivere in montagna dobbiamo imparare a ragionare diversamente ad aggregare strategie e prospettive diverse. Sviluppare l'economia di montagna significa costruire percorsi di condivisione, acquisire competenze e conoscenze nuove, vuol dire confrontarsi con un mondo che va oltre l'orizzonte delle nostre magnifiche Dolomiti, progettando organicamente un futuro di lungo respiro.

major opportunity for sustainable development. Education and training is decisive in changing attitudes to the landscape, because as today's politicians, administrators and adults, we have the task of handing down the landscape and resources to future generations. The actions of man create living spaces and the current era – the philosophers say – has seen nature divested of its sacred significance. In order to act correctly, it is therefore necessary to adopt an ethical approach which allows development, but at the same time ensures environmental protection. For this reason training in the context of the landscape must go to the heart of the issue. Training has a central role in managing change, in terms of exploiting the area and using it as an economic resource. The landscape, with all the necessary transport and communication infrastructures, along with tourism, agriculture, crafts and construction, is the first objective of the Dolomites heritage. To start up and manage this change it is not sufficient to consider only the indispensable, it is necessary to have the courage to think big. If we wish to continue living in the mountains we must learn to think differently and to combine different strategies and perspectives. Developing the economy of the mountains means constructing shared processes, acquiring new skills and knowledge. It means exchanging ideas with a world which goes beyond the horizons of our magnificent Dolomites, planning a long-term future in an organic manner.

LE DOLOMITI PER LA VITTORIA DELLA BELLEZZA

THE DOLOMITES FOR THE VICTORY OF BEAUTY

Michl Laimer

Assessore all'Urbanistica, Ambiente ed Energia, Provincia Autonoma di Bolzano
Councillor of Town Planning, Environment and Energy, Autonomous Province of Bolzano

Con l'inserimento nell'elenco del Patrimonio Mondiale dell'UNESCO da parte del World Heritage Committe nel giugno 2009, le Dolomiti si sono collocate nel "gotha" delle bellezze mondiali. Da questo "premio" potranno nascere nuove opportunità per lo sviluppo sostenibile di tutta l'area dolomitica. Tali opportunità dovranno essere sfruttate con un'ottica lungimirante, non dimenticando il fine ultimo del riconoscimento: la valorizzazione del Bene Dolomiti per le nostre genti, per la comunità internazionale e per le future generazioni dovrà svilupparsi pertanto nell'ambito di un'attenta salvaguardia della bellezza paesaggistica di questo sito. Nasce da qui l'opportunità di perseguire una nuova cultura per la gestione e sviluppo del proprio territorio. Fondamentale per riuscire in quest'intento sarà il lavoro di sensibilizzazione, informazione e coinvolgimento delle genti dolomitiche nelle attività e non ultime nuove opportunità di sviluppo e lavoro. Gestire le Dolomiti significherà valorizzarne, anche al di fuori delle aree strettamente protette, le unicità e peculiarità paesaggistiche, sia di tipo strettamente naturale che culturale-rurale. Queste ultime in particolare, come anche evidenziato nella documentazione di candidatura prodotta per l'UNESCO, sono spesso quelle che distinguono fortemente le nostre montagne da quelle d'altre parti del mondo.
A questi siti di particolare pregio e attrattiva paesaggistica sono correlate attività economiche come l'agricoltura e la selvicoltura di montagna, che vivono da anni un periodo di profonda crisi. Il cambiamento strutturale avvenuto in

With their inclusion in the UNESCO World Heritage list in June 2009, the Dolomites found their place in the "elite" of world beauties. This "prize" gives way to new opportunities for sustainable development in the whole Dolomite area. We must make the most of these opportunities, taking care to grasp them with a view of the future in mind, not over-looking the reason for this acknowledgement: the valorisation of the Dolomites, for our people, for the international community and for the future generations must be accompanied by an attentive safeguarding of the natural beauty of this site. This is the starting point for the generation of a new culture, which manages and develops the territory on which it is located. Fundamental for its success is the diffusion of awareness, information and participation of the people of the Dolomites in the proposed activities and the arising work and developmental opportunities.
Managing the Dolomites will mean valorising, also in those areas not under strict protection, the uniqueness and peculiarities of the landscape, both those linked to nature and to the rural culture. The latter, in particular, as evidenced by the nomination documentation prepared by UNESCO, is often what strongly distinguishes our mountains from those in the rest of the world. Correlated to these valuable and attractive landscapes, are economic activities, like agriculture and mountain forestry, which have for years been in deep crisis. The structural changes in the agriculture and the evolution of production techniques and technology put the survival of these sites at risk. In fact, on the territory and on the landscape signs of this trend are quite recognisable: desertion of marginal areas, closure of

agricoltura e le evoluzioni delle tecniche e tecnologie produttive mettono a rischio la sopravvivenza di questi siti. Di fatto sul territorio e nel paesaggio si riconoscono ampiamente i segni di questo trend: abbandono d'aree marginali, chiusura delle strutture agricole, necessarie per la lavorazione di prodotti oggi non più redditizi in montagna (cereali etc.) da una parte, e concentrazione ed intensificazione nelle aree favorevoli e ben allacciate con i problemi ben noti per gli ecosistemi, dall'altro.
Nella futura gestione del Bene Dolomiti le politiche agrarie andranno pertanto inserite, ancora più che oggi, in un'ottica di sfruttamento sostenibile e di pluralità di servizi. Andrà evidenziato il ruolo importante nella cura e gestione del territorio, nonché di identificazione con lo stesso, svolto dall'agricoltura, purché la stessa s'ispiri a criteri di eco-sostenibilità e di buone pratiche gestionali. Queste dovranno anche in futuro essere sostenute e potranno essere uno dei pilastri su cui costruire il consenso per la conservazione del nostro paesaggio tradizionale e dei caratteri che rendono uniche le Dolomiti. In ambito agricolo andranno inoltre privilegiate e, ove possibile, sostenute le filiere produttive corte, con prodotti locali caratterizzati da elevata qualità, da forte legame con il territorio e per lo più a km zero.
Fondamentale sarà poi l'approccio nel settore turistico. Il riconoscimento UNESCO implicherà scelte importanti nel settore della promozione turistica e sulla conoscenza dell'area a livello globale. E se da questo risulteranno senza alcun dubbio risvolti favorevoli per l'economia locale, è importantissimo riconoscere in tempo anche i rischi che ne potrebbero scaturire. Le Dolomiti sono già conosciute come importante meta turistica e un ulteriore sviluppo in questo settore non può più prescindere dall'indirizzarsi verso la qualità e il più basso impatto ecologico possibile. Andranno pertanto approfonditi gli aspetti legati alle scelte di sviluppo urbanistico, evitando fenomeni come quello delle seconde case o dell'aumento incontrollato dei posti letto, o alle scelte di mobilità a livello regionale e locale. Visioni al momento futuristiche come il visitare e il girare le aree dolomitiche ricorrendo solo a mezzi pubblici dovranno essere approfondite ed essere il più possibile trasposte nella realtà. Ciò sarà però attuabile solo tramite un'adeguata informazione e sensibilizzazione della popolazione e dei turisti. La riduzione del traffico privato dovrà divenire un

agricultural buildings (mills etc), necessary for the elaboration of products that are no longer profitable in the mountains (cereals etc), on one side, and increasing concentration in more favourable and connected areas, along with their well known impact on the ecosystems, on the other.
In the future management of the Dolomites, agriculture will therefore be included, even more than today, within the plan to develop sustainably and provide a greater range of services. This important role will be particularly taken note of in the management of the territory, as well as the establishment of its identity, task assigned to the agriculture, given that it follows the criteria for eco-sustainability and managerial good practices. These will have to be adhered to also in the future, and could become one of the pillars for consenting the conservation of our traditional landscape and of the characters that make the Dolomites unique. As regards agriculture, short production chains, where possible, with local high quality products that have are strongly linked to the territory and zero kilometre distribution, will be privileged and supported.
Another fundamental approach will be that of the tourism sector. The acknowledgement by UNESCO will have important implications within the field of tourist promotion and will increase global awareness of this area. If, due to this, come the inevitable positive effects on the local economy, it will become extremely important to promptly recognise the risks that could come as a result. The Dolomites are already known as an important tourist destination, and further development in this sector cannot be independent of an improvement in quality and a reduction in ecological impact. More attention will be given to aspects of urban development, avoiding the phenomenon of second houses and the uncontrollable increase in sleeping spaces, and considering the choices of regional and local mobility. Current futuristic visions, such as visiting the Dolomites depending only on public transport, will have to be elaborated and transposed to reality. This can be done only if one provides adequate information and increases the awareness of the population and of the tourists. The reduction in private transport will have to be seen as an added value to the territory, a kind of quality branding that accompanies the charm and beauty of the Dolomite landscape. In this mindset, argued and drafted alternatives, such as closing the passes of the

valore aggiunto per il territorio, una sorta di marchio di qualità da affiancare al fascino e alla bellezza paesaggistica delle aree dolomitiche. In quest'ottica scelte più volte discusse e solo abbozzate come ad esempio la chiusura dei passi dolomitici andranno affrontate con maggior coraggio e determinazione. Nuovi criteri d'eco-sostenibilità andranno comunque trasposti in tutti i settori produttivi. Nei paesi delle vallate dolomitiche, così come nel paesaggio aperto, sarà opportuno che si proceda a valorizzare il tessuto e le tecniche urbanistiche tradizionali, conciliandole con le nuove tecnologie e materiali a disposizione, per fronteggiare in prima linea il cambiamento climatico. Tutti questi aspetti gestionali dovranno essere messi a tappeto ed implementati in maniera sinergica nell'area dolomitica, al di là della singola Provincia o Regione di appartenenza.

Le Dolomiti quale parte del Patrimonio Mondiale UNESCO ci danno un'opportunità di crescita culturale in grado di garantirci un importante salto di qualità. Nel rendere partecipe la popolazione di quest'opportunità abbiamo un'occasione più unica che rara di far maturare in quest'area un valore culturale straordinario: il rispetto per la bellezza. Se riusciremo in quest'intento, le Dolomiti vinceranno tutte le loro sfide.

Dolomites, will be faced with more courage and determination. New criteria for eco-sustainability will be nonetheless introduced into all of the production sectors. In the valleys as in the open landscape, it is appropriate to proceed with the valorisation of the urban knit and the traditional urban techniques, reconciling them with new available technologies and materials, in order to face climate change. All these aspects of management will have to be discussed and implemented in synergy with the Dolomite area in general, rather than just single Provinces or Regions.

The Dolomites, as part of the UNESCO World Heritage, give us the opportunity to grow culturally, and guarantee a considerable leap in quality. Involving the population in this opportunity gives us the more unique than rare occasion to mature an extraordinary cultural virtue, the respect for beauty. If we can achieve this, the Dolomites will be able to overcome all of its challenges.

IL PAESAGGIO DELLE DOLOMITI UNESCO

THE LANDSCAPE OF THE UNESCO DOLOMITES

Cesare Micheletti

Architetto, collaboratore per la candidatura Unesco
Architect, collaborator for the Unesco nomination

Bellezza naturale ed importanza estetica

Le Dolomiti Patrimonio Mondiale UNESCO costituiscono un Bene seriale di eccezionale interesse, formato da un insieme di sistemi montuosi collegati fra loro da una rete di relazioni genetiche ed estetiche. Infatti i criteri geologico/geomorfologico ed estetico/paesaggistico appaiono strettamente correlati, sia dal punto di vista storico che da quello dei caratteri del paesaggio. Storicamente l'importanza estetica e la rilevanza scientifica delle Dolomiti si sono imposte a livello universale grazie alla diffusione delle immagini, delle descrizioni e degli studi da parte dei maggiori scienziati del mondo dal XVIII sec. in poi. La regione dolomitica si configura come un insieme di paesaggi, assolutamente unico all'interno dell'arco alpino, ma anche rispetto ad altri sistemi montuosi del mondo. La bellezza naturale delle Dolomiti può essere scomposta in tre fattori principali:

- la struttura del paesaggio
- i valori scenografici
- l'importanza estetica

Natural beauty and aesthetic importance

The Dolomites form an exceptionally interesting serial system, interlinked by a network of genetic and aesthetic relationships. The geographical/landscape criterium and the geological/geomorphological criterium are closely joint; historically the aesthetic importance and the scientific relevance of the Dolomites have attained world-wide significance due to pictures, descriptions and studies by the most important international scientists from the XVIIIth century onwards. The Dolomite region is a collection of landscapes, unique not only in the Alps, but also unseen in other mountain ranges throughout the world. The exceptional natural beauty of the region derives from three main factors:

- the landscape structure
- the scenic values
- the aesthetic importance

Struttura del paesaggio

La lettura analitica dei valori paesaggistici mette in evidenza le componenti morfologiche caratteristiche del paesaggio dolomitico – cioè rappresentative dell'intera area – secondo una successione verticale (dal basso verso l'alto):

- ampi basamenti dolcemente ondulati, di origine poligenetica;
- imponenti mantelli detritici che avvolgono la base degli edifici carbonatici;
- elementi strutturali orizzontali che interrompono le pareti rocciose, creando vaste balconate e forti contasti di colore;
- grandi masse rocciose perfettamente verticali, bianche e di forma eccezionalmente varia, che si elevano improvvisamente dal suolo (energia del rilievo).

A questi caratteri di tipo morfologico vanno associate le caratteristiche dei soprassuoli, che alla morfologia di base aggiungono altri valori ecosistemici come la biodiversità, la varietà di habitat naturali e la ricchezza di associazioni vegetali, le variazioni di densità e di colore dovute alla stagionalità, ecc. Poiché le Dolomiti sono un territorio di alta montagna, i soprassuoli sono ricompresi nelle due fasce altitudinali corrispondenti alle zone climatiche poste lungo il limite della vegetazione arborea: la fascia boreale (al di sotto) e la fascia alpica (al di sopra). Alla prima corrispondono le foreste di conifere e gli arbusteti subalpini; alla seconda corrispondono le praterie primarie e le varie associazioni vegetali che interessano rupi e detriti, molte delle quali endemiche ed alcune esclusive delle Dolomiti.
L'assetto dei soprassuoli è dinamico e dipende da fattori di tipo naturale (clima, natura del suolo, morfologia del rilievo, ecc.) e antropico (sfalcio, controllo dell'equilibrio ecologico delle foreste, delle risorse idriche, della stabilità dei versanti, ecc.). Il modo caratteristico e ricorrente con cui un tipo di soprassuolo si relaziona ad un carattere morfologico di base, definisce le sette principali unità di paesaggio (dal basso verso l'alto): le foreste di conifere e gli arbusteti subalpini, le praterie alpine e le varie associazioni vegetali che interessano rupi e detriti (aree di macereto), nevai perenni-ghiacciai ed infine rocce nude.

Landscape structure

The analysis of the landscape values shows the typical morphological components, representative of the whole of the Dolomite landscape, and identified according to a vertical sequence (from the bottom up):

- extensive, gently undulating bases, polygenetically modelled;
- imposing mantles of detritus surrounding the bases of the carbonate structures;
- horizontal structural elements interrupting the rock faces, creating vast balconies and strong colour contrasts;
- perfectly vertical, great white rock masses, with exceptionally varied shapes, rising unexpectedly from the ground.

These morphological characteristics are linked to the vegetation, together with other ecosystemic values such as biodiversity, variety of natural habitats and richness of plant associations, fluctuations in density and colour according to the seasons, etc. Since the Dolomites are in a high mountain territory, the vegetation is concentrated into two strips corresponding to the climatic zones along the altitude of the tree line: the boreal strip (below) and the alpic strip (above). The former corresponds to the conifer forests and subalpine shrublands; the latter to the primary grasslands and the various plant associations on the crags and scree, many of them endemic and some exclusive to the Dolomites.
The vegetation is dynamic, dependant on natural factors (climate, soil type, morphology, etc.) and related to human action (mowing, control of ecological balance of the forests, water resources, stability of the slopes, etc.). The typical, repetitive way in which a certain type of vegetation relates to a basic morphological characteristic determines the seven landscape units (from the bottom up): coniferous forest, subalpin shrubland, alpin moors and heathland, grassland (relationships between vegetation and base undulating areas), scree (detrital deposits named "macereto"), bare rock and snowfields-glaciers.

Valori scenografici

Le montagne dolomitiche sono attraversate da valli marcate che corrono in tutte le direzioni formando una sorta di reticolo. Qui non si trovano estesi massicci o catene montuose ma un fitto "arcipelago" di gruppi montuosi isolati e dall'eccezionale sviluppo verticale, collegati da ampi terrazzamenti che precipitano in forre molto strette e intervallati da circhi glaciali di rara bellezza. Data la particolarità orografica i punti di vista maggiormente panoramici si trovano sulle cime più alte dei massicci isolati, divenuti meta di migliaia di visitatori (Piz Boè, Pordoi e Marmolada). Tuttavia l'articolazione è tale da consentire eccezionali visioni scenografiche anche all'interno dei singoli gruppi (esempi rappresentativi sono il Catinaccio ed il Latemar). L'eccezionale impatto scenico di questo paesaggio, assolutamente rilevante per la definizione di bellezza dei Monti Pallidi, può essere sintetizzato in quattro principali qualità:

- *verticalità*: le Dolomiti infatti non hanno la forma tipicamente piramidale delle altre montagne alpine, ma si elevano bruscamente e perpendicolarmente al terreno[1];
- *varietà di forme*: ogni gruppo montuoso ha una propria forma caratteristica che lo rende unico e immediatamente riconoscibile, al punto che la toponomastica ne sintetizza il carattere formale più rappresentativo, e ne trasmette – nella musicalità della lingua locale – l'origine arcaica: Les Odles = gli Aghi, 'I Ciadinàc = il grande bacile, La Marmolada = la Montagna scintillante, 'I Burèl = il precipizio, 'I Pelm = il massiccio, 'I Vajolet = il picco dirupato, etc.
- *monumentalità*: la possibilità di stilizzare gli edifici carbonatici in figure geometriche elementari (punti, linee, superfici) e forme volumetriche precise (prismi, piani, cubi) ha portato le Dolomiti ad essere interpretate come strutture artificiali, piuttosto che semplice manifestazione naturale. Le Corbusier le definì "les plus belles constructions du monde".
- *contrasto di colori*: la specifica composizione del minerale che reagisce diversamente alla luce ed il passaggio di facies tra le chiare formazioni di scogliera e le scure formazioni di origine vulcanoclastica esaltano gli effetti di chiaroscuro dovuti alla diversa plasticità delle superfici.

1 - Questi contenuti hanno costituito la traccia concettuale di una mostra dedicata alla bellezza delle Dolomiti (C. Micheletti., L. Ponticelli, "Dolomiti" a cura di S. Camin, Centro d'Arte Contemporanea, Cavalese giugno-ottobre 2009)

Scenic values

The dolomitic mountains are crossed by deep valleys running in all directions to form a sort of grid. There are no wide massifs or mountain chains but a dense "archipelago" of exceptionally vertical, isolated mountain groups, linked by wide terracing precipitating in very narrow ravines interspersed with cirques of rare beauty. Given the particular orography the most panoramic viewpoints are found on the highest peaks of the isolated masses, now the destination of thousands of visitors (Piz Boè, Pordoi, and Marmolada). However, there are exceptional views even within the single groups (such as Catinaccio and Latemar). The exceptional scenic impact of this articulated landscape, absolutely relevant for the beauty of the Pale Mountains, can be summarised in four main qualities:

- *verticality*: the Dolomites in fact do not have the typically pyramidal shape of other alpine mountains but rise brusquely and perpendicularly from the ground[1];
- *variety of form*: every mountain group has its own characteristic shape which makes it unique and instantly recognisable. The toponomy indicates its most representative formal aspect, conveyed in the musicality of the local dialect, an ancient Romance language of archaic origin: Les Odles = the Needles, 'I Ciadinàc = the big Basin, La Marmolada = the Shining Mountain, 'I Burèl = the Gorge, 'I Pelm = the Massif, 'I Vajolet = the Cliff, etc.
- *monumentality*: the possibility of classifying the karst structures into recognisable geometric figures (points, lines, surfaces) and precise volumetric shapes (prisms, planes, cubes) has led to an interpretation of the Dolomites as artificial structures rather than simple natural expressions. Le Corbusier call them "les plus belles constructions du monde".
- *colour contrasts*: the specific mineralogical structure, spectacularly reacting to the daylight and moonlight, and the transformation of facies from the light cliff formations to the dark formations of vulcanoclastic origin emphasise the light and shade effects created by the varying mutability of the surfaces.

1 - These contents have formed the pattern of a conceptual exhibition dedicated to the beauty of the Dolomites (C. Micheletti., L. Ponticelli, "Dolomiti" edited by S. Camin, Contemporary Arts Centre, Cavalese June-October 2009)

"Le Grand Paysage" (importanza estetica)

La struttura articolata delle Dolomiti è scenografica di per sé, anche alla grande scala. Per questo la regione dolomitica ha avuto da sempre un enorme impatto sull'immaginazione di chi l'attraversava. Tuttavia è stata la curiosità scientifica che ha portato ad una visione maggiormente ravvicinata e alla "scoperta" della sublime bellezza delle Dolomiti. Alla sensibilità dei primi scienziati, che concepivano la conoscenza estetica come un'esperienza metafisica (filosofica) intimamente connessa alla conoscenza scientifica, si accostò la sensibilità dei primi viaggiatori, che invece tendevano a concepire la conoscenza estetica come un'esperienza emotiva. Le caratteristiche di questa bellezza montana, messe in evidenza dalle loro descrizioni quasi perfettamente corrispondenti alle categorie del Sublime trattate da Edmund Burke[2], hanno reso la regione dolomitica un riferimento fondamentale per l'estetica del sublime nella cultura occidentale, tanto da poter essere considerate l'archetipo universale del "paesaggio dolomitico".

"Le Grand Paysage" (aesthetic importance)

The articulated structure of the Dolomites is scenic in itself, on a grand scale. For this reason the region has always had an enormous impact on the imagination of anyone who has visited it, but it was scientific curiosity which brought a closer vision and the "discovery" of the sublime beauty of the Dolomites. To the sensibility of the first scientists, who conceived aesthetic knowledge as a metaphysical, philosophical experience, intimately connected to scientific knowledge, was added the sensibility of the first travellers who instead tended to regard aesthetic knowledge as an emotive experience. The characteristics of this mountain beauty, highlighted in their descriptions and almost exactly correspondent to the categories of the Sublime described by Edmund Burke[2], have contributed to make the dolomite region a crucial reference for the aesthetic of the sublime in western culture, so much so that they can be considered the universal archetype of the "dolomite landscape".

Questo scritto è tratto da un più ampio lavoro di ricerca dedicato ai caratteri del paesaggio dolomitico, elaborato specificamente per l'iscrizione delle Dolomiti nella Lista del Patrimonio Mondiale UNESCO e confluito nel documento di candidatura. (Micheletti C., Ponticelli L., Natural beauty and aesthetic importance in: "Nomination of the Dolomites for the inscription on the World Natural Heritage List UNESCO", 2008)
Il paper di questo lavoro è stato presentato e pubblicato negli atti del 47° Congresso Mondiale IFLA (International Federation of Landscape Architects), Suzhou China 2010 (Micheletti C., Ponticelli L., The governance strategy of the Dolomites UNESCO World Heritage Site. Between universal value and local culture in: "Harmony and Prosperity. Traditional inheritance and sustainable development." Proceedings of the IFLA 47th World Congress, Suzhou China 2010)

This abstract is part of a more extensive research, which is focused on the features of the Dolomite landscape and developed specifically for inclusion of the Dolomites in the UNESCO World Heritage List. This research form a chapter of the nomination document (Micheletti C., Ponticelli L., Natural beauty and aesthetic importance in: "Nomination of the Dolomites for the inscription on the World Natural Heritage List UNESCO", 2008)
The paper of this research was presented and published in the Proceedings of the IFLA 47th World Congress (International Federation of Landscape Architects), Suzhou China 2010 (Micheletti C., Ponticelli L., The governance strategy of the Dolomites UNESCO World Heritage Site. Between universal value and local culture in: "Harmony and Prosperity. Traditional inheritance and sustainable development." Proceedings of the IFLA 47th World Congress, Suzhou China 2010)

---

[2] - Edmund Burke, A philosophical inquiry into the origin of our ideas of the Sublime and Beautiful, 1757

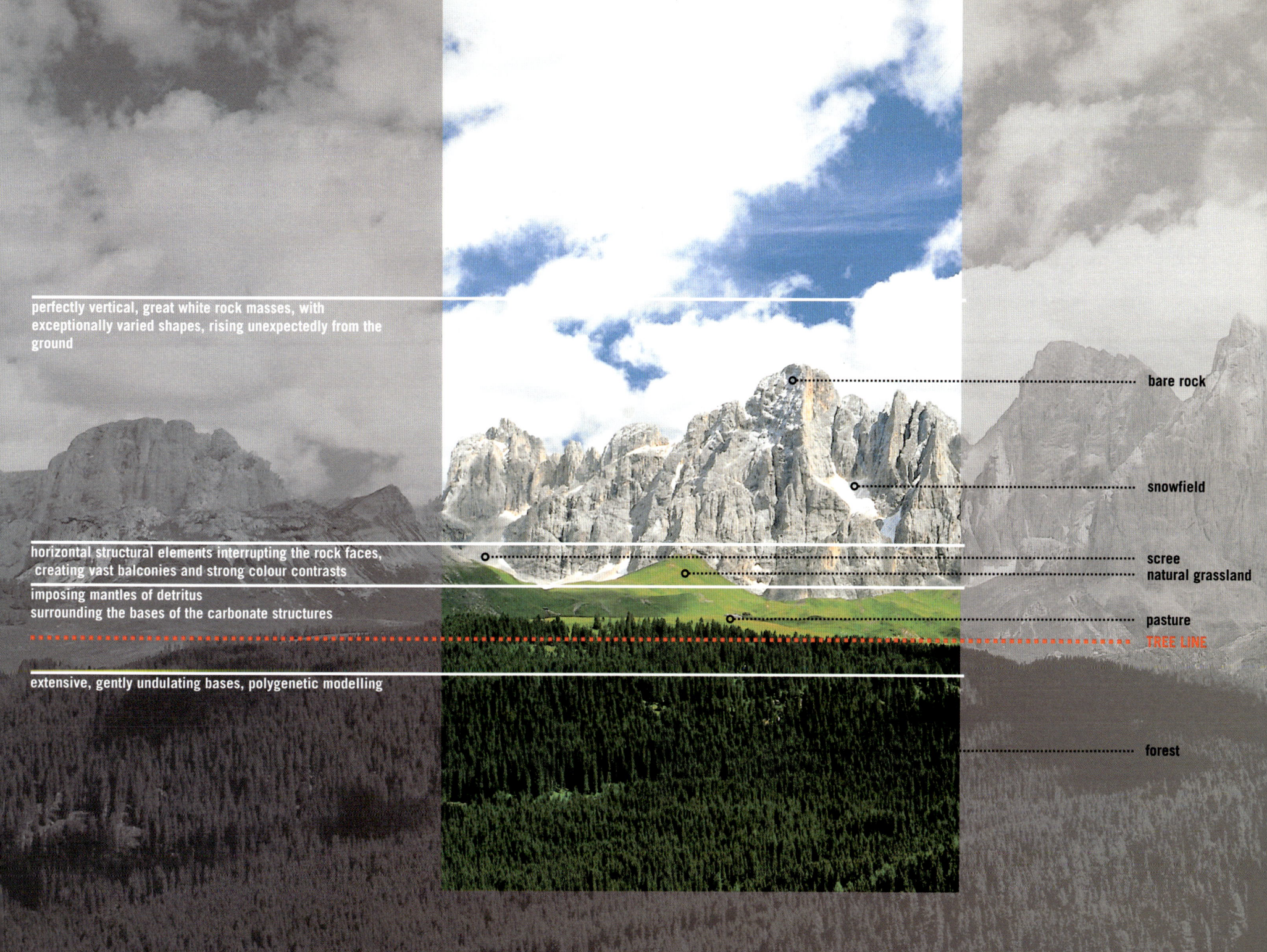

DOLOMITI GEOSCAPE
UN PERCORSO DI RICERCA, UN PROGETTO NECESSARIO

DOLOMITI GEOSCAPE
A LINE OF RESEARCH, A NECESSARY PROJECT

Pino Scaglione

Professore di Progettazione urbana e del paesaggio, Università di Trento
Professor of Urban and Landscape Design, University of Trento

In occasione del primo ed importante seminario, che segue l'attribuzione del titolo di Patrimonio Unesco alle Dolomiti - organizzato da Provincia Autonoma di Trento e STEP - il mio contributo si concentra sulle questioni di carattere progettuale, urbanistico e paesaggistico, che trovano nel progetto la loro sintesi e l'unico strumento di indagine e trasformazione qualitativa della realtà. Con una formula che è quella dell' "ottimismo operativo" concretamente centrato e mirato sulla realtà in perenne trasformazione e mutamento, rivolto alle significative relazioni e potenzialità tra progetto e contesto, come reale condizione per rendere riconoscibile, autentico e radicato il primo e, oggetto di valorizzazione, il secondo.

In occasion of the first and important seminar, following the attribution of the Unesco World Heritage title –organized by the Autonomous Province of Trento and STEP – my contribution focuses on the design aspects, both in the urban and landscape context, which, within the project, find their synthesis and constitute the only instrument for the investigation and qualitative transformation of the current reality. An instrument that applies a formula of "operative optimism", concretely aimed at a reality in continuous transformation and mutation, and which addresses the significant potentials of the relationships between project and context as a real condition, causing the former to be recognizable, authentic and consolidated, and the latter an object of valorisation.

Quattro interpretazioni per tutte

In questa importante occasione, vorrei per prima cosa provare a ripercorrere alcune ambiguità di questi anni, soprattutto intorno all'interpretazione del significato di paesaggio, "nell'epoca del paesaggio", come sostiene Jakob, oggi "ostentato e svelato, discusso e adulato, conservato e protetto, venduto e rivenduto…fenomeno onnipresente ed universale"[1]. Uno dei primi possibili equivoci sul paesaggio, risiede, per esempio, nel sostenere ancora oggi –soprattutto alla luce delle rapide modificazioni culturali e sociali- una concezione eccessivamente "amministrativa-interpretativa"

Four interpretations for all

In this important occasion I would like to revise some of the ambiguities that have emerged in these recent years, above all concerning the interpretation of the meaning of landscape, "in the era of landscape," as Jakob believes, today a "feigned and unveiled, discussed and praised, conserved and protected, sold and resold…omnipresent and universal phenomenon"[1]. One of the first possible uncertainties regarding landscape resides, for instance, in sustaining even today –especially in light of the rapid cultural and social changes –an excessively "administrative-interpretative" conception of the landscape,

---
1 - Michael Jakob, Il paesaggio, Il Mulino

del paesaggio, esito di quel certo diffuso "orror planning", ossia di quella pianificazione astratta e distante dalle realtà su cui prova ad intervenire. Un secondo equivoco sul paesaggio è, ancora, il perdurante approccio "descrittivo-narrativo", nonché estetico, e la sua collocazione statica, estatica e di dimensione sublime, esotica, retorica, e sospesa tra artificiale e naturale. Un terzo ambiguo atteggiamento è, in conseguenza, quello del "pittoresco", che nella contemporaneità si declina nel confuso modello del paesaggio del "verde" come cornice naturalistica per riparare danni artificiali, inoltre in quello della "cartolina" stereotipa. Un quarto elemento di contraddizione è nella dimensione statica del paesaggio come "sfondo" -solo all'apparenza immutabile e fisso- o "emblema", che si ritrova spesso nella concezione riduttiva della campagna coltivata, dei luoghi naturali, nell'esito delle "raffigurazioni" e interpretazioni del paesaggio come "natura-naturans"[2], da cui l'umanità sembra essere esclusa perché inferiore o di disturbo.
Quattro interpretazioni -tra le più emergenti e sintomatiche- ormai entrate in evidente collisione con quel corpo sempre più denso, pulsante e contemporaneo dei diversi contesti, degli insediamenti, dei flussi delle infrastrutture, delle dinamiche che si sommano e si addensano sui diversi strati di paesaggio vissuto e usato, dentro i quali qualcosa è cambiato, dunque, e continuerà, rapidamente, a cambiare.

resulting from that certain type of "horror planning", that follows a manner of planning that finds itself abstract and distant from the reality on which it attempts to mediate. A second misconception of landscape is the persistent "descriptive-narrative", as well as aesthetic, approach and its collocation amongst concepts that are in fact static, ecstatic, and of sublime dimensions, exotic, rhetoric, and suspended somewhere between artificial and natural. A third ambiguous behaviour is, consequently, the tendency toward a "picturesque" image, which, within the contemporary context, is translated into that confused model of the "green" landscape as a naturalistic frame which compensates for the artificial damage, in addition to the stereotypical "postcard" model. The forth contradicting element is the static dimension of the landscape, taken as a "backdrop" – solely for its immutable and fixed appearance – or as an "emblem", which is often found in the reductive notion of the cultivated countryside, of natural areas, and in the results of the "portrayals" and interpretations of the landscape as "natura-naturans"[2], from which humanity seems to be excluded as it is conceived to be either inferior or a disturbance. Four interpretations – amongst the most emergent and symptomatic – that have long entered in evident collision with that ever more dense, pulsating and contemporary body of diverse contexts, of settlements, of the flow of infrastructures, of the dynamics that add up and gather within a series of layers of lived and used landscape, in which something has changed and will continue, rapidly, to change.

---

2 - F. Farinelli, Geografia, Einaudi, 2003

Geografia+geologia+società = paesaggio dinamico

È possibile, allora, senza per questo incorrere in altre ambigue contraddizioni, intendere e declinare la nostra differente, operativa e attiva relazione con questa autentica risorsa? Senz'altro, riaffermando, in maniera chiara, che ci troviamo ancora oggi di fronte ad un paesaggio, da sempre, principale risultante di un sistema dinamico: geografico-geologico, che, nel sommare sopra tali elementi primari un insieme di lunghi e concatenati processi -ambientali, botanici, fisici, antropici- addensa e accoglie attività economiche e culturali della specie umana che lo abita, lo usa, lo costruisce e trasforma, a volte anche alterandolo. Questa ampia, articolata e variabile trama –che esprime certo una estensione interpretativa più ampia della parola territorio- è fatta di strati di vegetazione diversa, di rocce, di acque, di reti, di habitat. Sulla sua superficie "interlacciata"[3] tutto si svolge e interseca, nelle forme più differenti e dinamiche possibili, e, da tempo ormai la pressione antropica è talmente estesa e diffusa, che si intravedono inevitabili forme di omologazione. Da qui -una probabile e possibile nuova selezione di alcuni paesaggi "autentici" e, ancora oggi, unici nel senso pieno del termine- che si esprime e riferisce solo a pochi e limitati "luoghi" che potremmo definire davvero "attrattori". Tra essi, senza dubbio, un posto rilevante, spetta ad alcuni paesaggi montani, dunque ad una buona parte delle Alpi e, fuori da ogni discussione, alle Dolomiti.

Ma proprio le Alpi e le Dolomiti, come l'intero arco alpino che le contiene, per le molteplici ragioni, per le ambiguità e le contraddizioni descritte e fin qui espresse, per alcune delle immagini che vedremo, non sono più quel luogo così avulso da contaminazioni ed usi, che si immaginava fino a poco tempo fa. E parte da qui la riflessione che estendo a tutti.

Geography+geology+society = dynamic landscape

Is it possible, then, without sustaining other ambiguous contradictions, to intend and accept our different, operative and active relationship with this authentic resource? Certainly, yet clearly restating that today we still find ourselves facing a landscape that has always been the main outcome of a dynamic system: geographic and geologic that, when adding to such primary elements a system of places and concatenated processes –environmental, botanic, physical, anthropic – thickens and accommodates the economic and cultural activities of the human species that inhabits it, uses it, builds and transforms it, at times also altering it. This extensive, articulated and variable pattern – which certainly expresses a range of interpretations more extensive than the term 'territory' – is made up of various layers of vegetation, rocks, water, networks and habitats. On this "interlaced"[3] surface, everything unwinds and intersects each other, creating the most different and dynamic forms possible and, for some time now, the anthropic pressure has become so extended and diffused, that one catches a glimpse of inevitable forms of homologation. It is due to this – a possibly and probably new selection of a few "authentic" landscapes that are, still today, unique in the full sense of the term – that only a small and limited number of "places" that we could define real "attractors" are expressed and referred to. Amongst these, without a doubt, a special place is given to certain mountain landscapes, and so a great part of the Alps and, unarguably, the Dolomites.

However, the Alps and the Dolomites, just as the whole alpine range in which they are contained, for many reasons, for the ambiguity and contradictions described earlier, and for some of the images that we will see, are no longer that place so absent of contamination and functions that one imagined until not long ago. And so it is from here that my proposed reflection begins.

---

3 - M. Gausa , "Multi Barcellona/Hiper Catalugna", LISt, Barcellona, 2009

Paesaggi reali e paesaggi mentali

Un paesaggio è frutto sia della sua reale esistenza che della interpretazione che ciascuno di noi ne trae. Riferendoci ad alcune ricerche di Rodiek -paesaggista americano- possiamo affermare che in realtà ciascuno di noi crea una versione personale del paesaggio esistente[4]. Quale che sia, dunque, la versione che abbiamo creato delle Dolomiti, questo patrimonio che oggi condividiamo con l'umanità intera, questa è senza dubbio esito di uno sguardo amplificato da una riflessione e una visione che non è più solo interiore ed interna, ma appartiene ad una collettività allargata e ormai globale. Siamo perciò davanti, oltre che ad un paesaggio vero e concreto, ad un grande "mindscape" (paesaggio mentale), tanto esito della creazione di un percorso mentale -ormai collettivamente stratificatosi- che della conoscenza, come della sovrapposizione emozionale accumulata, nonché del bagaglio culturale che ciascuno di noi si porta appresso. Non ultimo quello, ampio, del World Heritage e dei suoi molti altri paesaggi ad oggi classificati universali.

Genesi di un paesaggio: forme fisiche e forme minerali

Proviamo, dunque, ad inoltrarci in un viaggio per immagini nel paesaggio delle Dolomiti, a partire dal riconoscimento di alcuni elementi fondamentali che lo contraddistinguono, e avendo come scenario di riferimento il percorso teorico -fin qui delineato- che indica che il paesaggio oggi, tanto più quello delle Alpi e delle Dolomiti iper frequentate, non è immobile, bensì dinamico, anche più di quanto noi possiamo immaginare. Il fascino di queste montagne è senza dubbio nella loro straordinaria genesi. Nelle carte geografiche, sia storiche che recenti, sono identificate come parte di un sistema alpino che va da est ad ovest. Tutte le Dolomiti (note anche con la suggestiva definizione di Monti pallidi) sono classificate come una sezione alpina delle Alpi Orientali italiane e si estendono, nella loro ampiezza, fino alla Carinzia. La geografia descrive la distribuzione fisica di circa il 70% di queste montagne, compreso all'interno della provincia di Belluno, mentre le parti restanti restanti, come è noto, è situato fra le province di Bolzano, Trento, Vicenza, Udine e Pordenone.

---

[4] - J. Rodiek , "Landscape and urban planning", Department of Landscape Architecture and Urban Planning, College of Architecture, TexasA&M. University

Real landscapes and mental landscapes

A landscape is the product of both its real existence and of the interpretation that each of us has. With reference to some of the research conducted by Rodiek – American landscape architect – we can state that in reality each of us creates a personal version of the existing landscape 4. The version, therefore, that we have created of the Dolomites, this patrimony that today we share with the whole of humanity, is undoubtedly the result of a panorama amplified by the reflection and vision, not only interior, but belonging to a vast, and now also global, community. We are, therefore, in addition to a real and concrete landscape, standing before a great "mindscape", consequence of a mental process – which has with time stratified among the community – that brings with it knowledge, overlaid by the accumulated emotions and cultural baggage that we all possess. Not excluding the World Heritage and its many other landscapes up till now universally classified.

Genesis of a landscape: physical forms and mineral forms

So, let us be sent on a journey through the images of the Dolomites, stating from the recognition of some fundamental elements that distinguish them, and having as a scenario to which to refer to the theoretical route – so far outlined – which indicates that the landscape today, especially the very frequented Alps and Dolomites, is not immobile, but dynamic, more than we could possibly imagine.
The fascination of these mountains is, without a doubt, in their extraordinary origins. In most geographic maps, both historic and recent, they are identified as part of an alpine system that stretches from east to west. All of the Dolomites (known also by the suggestive name of 'Pale Mountains') are classified as a section of the Western Italian Alps, and they reach all the way to Carinzia. Geographically, 70% of these mountains are located within the province of Belluno, whereas the remainder, as known, is situated across the provinces of Bolzano, Trento, Vicenza, Udine and Pordenone.
The Dolomites are certainly unique in their genesis, which dates

Sono montagne, le Dolomiti, certamente uniche nella loro genesi, che risale ad ere geologiche primordiali ed è antico quanto l'origine stessa della terra. Nella sezione stratigrafica che abbiamo ricostruito è possibile, suggestivamente, vedere come lo scontro di continenti e il progressivo ritirarsi dei mari, abbia lasciato spazio alla straordinaria varietà di rocce "coralline" che conformano la superficie delle Dolomiti.
Lo scenario dolomitico, che ne determina la supeficie paesaggistica, e che è quella che oggi osserviamo, è in effetti esito dell'associazione di due tipi di rocce, quella dolomitica e quella vulcanica, la prima più resistente, la seconda più facilmente alterabile. Questo ha determinato anche la particolare caratteristica della fisionomia paesaggistica delle Dolomiti, rispetto al resto dei massicci rocciosi delle montagne alpine: un grande ed esteso "zoccolo" di prati, pascoli e boschi di conifere e cirmolo (che si forma facilmente sulla parte porosa di deposito vulcanico) e poi la roccia rosa pallido che emerge e svetta imponente, a delineare lo scenario unico delle "cattedrali" di pietra dolomitiche, nome, quello di "dolomite" -anche questo in grado di aumentare fascino e originalità di questi paesaggi- dovuto allo scopritore, un ricercatore francese, Deodàt de Dolomieu (1750-1801), che si appassiona all'origine geologica di questi monti e ne scopre la composizione: una roccia di carbonato doppio di calcio e magnesio.

Infrastrutture e corridoi, le Dolomiti tra Europa e nord-est
-
Le Dolomiti sono estese in una zona che si protende da nord verso est, in un contesto in avanzata trasformazione infrastrutturale, che prevede una mobilità di grande scala transeuropea da Berlino verso Palermo (corridoio I) e che intercetta a sud il corridoio V, e la megalopoli padana, che va da ovest verso est.
Esiste un problema serio che non va misconosciuto, ossia la presenza di un transito di merci lungo la direttrice del Brennero, che taglia letteralmente in due il patrimonio dolomitico Unesco, e che vede il passaggio di una percentuale di traffico pari al 40% delle merci nazionali, e con una ricaduta di Co2 (scarichi inquinanti) tra le più alte dei corridoi alpini, pari al 21%! (dati ricerca: Monitraf). Vedremo, più avanti, cosa significa oggi,

back to prehistoric geological ages, and are as ancient as the origin of the Earth itself. In the stratigraphic section that we have reconstructed, it is suggestively possible to see how the collision of the continents and the progressive retreat of the seas gave way to the extraordinary variety of "coralline" rocks that form the surface of the Dolomites.
The scenario of the Dolomites, which determines the surface of the landscape, and which is what we today observe, is actually the result of the association of two types of rock, dolomitic and volcanic, the former being more resistant, and the latter more easily altered. This is also what determines the particular physiognomy of the Dolomites with respect to the other masses of rock of the alpine mountains: great stretches of meadows, fields and forests of conifers and pines (which grow easily on the porous part of the volcanic rock) and then the pale pink rock that emerges suddenly, characterise the unique scenery of these stone 'cathedrals' called the Dolomites – which also contributes to increasing the fascination and originality of this landscape – which were named after their discoverer, French researcher Deodàt de Dolomieu (1750-1801), who was passionate about the geological origin of these mountains and discovered their composition: a rock of double calcium magnesium carbonate.

Infrastructure and corridors, the Dolomites between Europe and the north-east
-
The Dolomites have an area of extension that runs from north to east, an area in advanced infrastructural transformation, which accommodates large scale trans-European mobility from Berlin to Palermo (corridor 1) and that, in the southern part, intercepts corridor 5 and the Po Valley megalopolis, which runs from west to east.
From this derives a serious problem that must not be overlooked; the freight transport along the Brennero axis, which literally cuts the Unesco World Heritage in two, accommodates 40% of the national freight transport, with one of the highest levels of CO_2 emissions in the alpine corridors, equal to 21%! (Data: Monitraf)

muoversi –e come- nelle Alpi e cosa ciò può ripercuotere sulle Dolomiti Unesco, sapendo che Il World Heritage è molto severo su questo aspetto, ossia sulla tutela del bene e la sua inalterabilità, pena il ritiro della prestigiosa attribuzione. Nelle immagini delle pagine successive è inoltre possibile vedere la trama viaria secondaria che avvolge oggi le Dolomiti Unesco e il resto delle montagne alpine del Trentino, Alto Adige e delle altre province di Belluno, Udine e Pordenone. Rete che costituisce si la garanzia di collegamento, ma anche uno dei motivi di diffusione insediativa, tipica dei fondovalle alpini, e la causa di flussi ormai elevati, anche per l'iperfrequentazione turistica, e con alti tassi di inquinamento che chiedono una netta inversione sul tema della mobilità non inquinante. Si aggiunge, a questo quadro, il caso delle innumerevoli "ferite", prodotte sui fianchi dei paesaggi montani, dagli innumerevoli impianti di risalita, anche queste infrastrutture senza alcuna relazione con il paesaggio. Quadro reso ancora più grave dagli impianti chiusi e abbandonati –veri cimiteri di tralicci- perché realizzati in aree dove non sarebbe mai potuta decollare alcuna attività sciistica.

We will later see what it means today to travel – and how – in the Alps and how this affects the Unesco Dolomites, knowing that the World Heritage is very strict regarding their protection and inalteration and would be penalized by withdrawing the prestigious title. In the next detailed images it is possible to see the pattern of the secondary roads which characterise the Unesco Dolomites and the other mountains of Trentino, Alto Adige, Belluno and Pordenone. Networks that guarantee connection, but that also cause the diffusion of inhabitants, typical of the valleys, and that bring about high volumes of traffic flow of residents and tourists, provoking high levels of pollution that require a clear conversion to non-polluting mobility. In addition to this picture, we must mention the numerous "wounds" inflicted on the slopes of the mountains by the many ski-lifts that also constitute infrastructure but which have no relation to the landscape. This is worsened by the closed and abandoned ski-lifts –cemeteries of pylons – built in areas where no ski resort could ever have been successful.

L'assedio a "Forte Apache" ovvero l'accerchiamento del modello urbano ai "monti pallidi"

Una prima sintesi sull'insieme dell'ecosistema dolomitico alpino –di cui il paesaggio è il vero volto- ci presenta una realtà sempre più fragile sotto la continua e pressante spinta antropizzante, sia conseguente agli intensi processi di trasformazione, soprattutto degli ultimi trent'anni, sia come esito della sempre maggiore iperfrequentazione turistica e soprattutto come adozione, anche "sotto e sopra la montagna" di un modello urbano-metropolitano.
Tanto quanto raro e dunque ancor ricco di valori unici, questo patrimonio è oggi ad un punto di svolta. Malgrado ciò, noi architetti-urbanisti non crediamo si debba interrompere la sequenza di costruzione di un sistema urbano alpino articolato, attrezzato, nonché competitivo nel sistema delle città d'Europa, crediamo però che le modalità insediative, ad oggi adottate, siano frutto di un grande equivoco che si protrae da anni. Ossia riteniamo che i contesti non siano tutti uguali e di conseguenza le risposte progettuali. Questa seconda omologazione, che

The siege of "Fort Apache" as the surrounding of the urban model "pale mountains"

A first description of the dolomite alpine ecosystem – of which the landscape is the real face – presents us with a reality that is progressively more fragile and under the continuous and pressing influence of anthropization, consequences of both the intense processes of transformation, especially of the past thirty years, the ever increasing presence of tourist and above all the adoption of an urban-metropolitan model, below and on the mountain itself.
As much as this patrimony is rare and unique, it is also a turning point. Nevertheless, we architects-urbanists believe that the sequence of construction of an articulated, well implemented and Europe-wide competitive alpine urban system shouldn't be interrupted, yet we do believe that the modalities of development, adopted until now, are the result of a great ambiguity that has been carried along for years. That is, we believe that the contexts are not all the same, which consequently affects the projects. This realization,

riguarda i paesaggi artificiali, dopo quelli naturali, è pericolosa perché consente l'importazione acritica di qualsiasi modello in aree, luoghi e siti specifici. Le Alpi appartengono a questa specificità, e non è più pensabile produrre anche solo semplici oggetti edilizi, per non parlare delle architetture, che non tengano conto di tale sensibile peculiarità. È del resto evidente che molte costruzioni di scarsa qualità urbana, paesaggistica e architettonica, si siano lasciate realizzare (e il rischio palese è che ve ne siano in agguato, altri e che la tendenza prosegua) in quasi tutte le aree alpine e dolomitiche. Soprattutto tale minaccia interessa i grandi insediamenti turistico-residenziali, quasi tutte le espansioni progressive dei centri urbani -si tratti di intere città o singole unità edilizie- disordinatamente sparse per questi straordinari luoghi. Le seconde e, addirittura le terze case (nel solo versante delle Alpi italiane dati riportano un numero di 590.000 case vuote per buona parte dell'anno, una percentuale preoccupante pari al 75% della capacità ricettiva complessiva!) i resort, le diverse e variegate tipologie di hotel –dall'ibrido stile mediterraneo fino a quello aberrato del finto chalet alpino- sono evidentemente il risultato della progressiva incultura del leggere e dell'abitare lo spazio alpino e del prevalere di una logica di sfruttamento privato che ha posto in secondo piano l'attenzione per l'aspetto collettivo e pubblico e per l'antica, preziosa e autentica saggezza insediativa alpina, oggi in gran parte smarrita[5].

Osservando le immagini di Sailer, è evidente come, dal generale al dettaglio, i centri dolomitici abbiano subito una profonda trasformazione e spesso una evidente banalizzazione. D'accordo con quanto sostiene Enrico Camanni, attento studioso di questioni alpine, in montagna bisogna fare i conti con almeno due nemici del "buon progetto", del paesaggio, della qualità urbana e architettonica[6]. Il primo è il cosiddetto "sentimento della nostalgia", ossia quello che con la scoperta romantica del paesaggio alpino, dalla fine del settecento, ha pervaso ogni sguardo cittadino sulla montagna. Traducibile, secondo Camanni, nel ricondurre i modelli culturali, non esclusi quelli urbani e architettonici, alla iconografia del rustico e del pittoresco che si traduce nella reiterazione della "tradizione" e che significa pietra, legno, stile rascard, chalet e baita. Il secondo nemico si chiama "periferia", che vuol dire non solo considerare le Alpi come un prolungamento della città e

which regards artificial landscape more than natural ones, is dangerous, as it allows the acritical importation of models in particular areas, places and sites. The Alps belong to this particularity, and it is no longer thinkable to insert even simple buildings, not to mention architecture, that do not take into account these sensitive peculiarities. It is evident, however, that many buildings of poor urban, landscape and architectonic quality have been built (and it is a risk that more of these will be inserted and that this tendency continues) in almost all of the alpine and dolomite areas. The threat interests in particular the great tourist-residential areas, almost all of which are the result of progressive expansion of the urban centres – whether it be whole towns or single units – haphazardly spread across these extraordinary places. The second, and even third, houses (in the Italian Alps alone sources tell us that there are around 590,000 houses that are empty for most of the year, a worrying 75% of the total receptive capacity) the resorts, the various and diverse types of hotels – from the hybrid Mediterranean style to the false alpine chalet – are evidently the result of the increasing lack of culture that comes from reading and living in the alpine environment, and the prevalence of private exploitation which has taken away attention from collective and public aspects, and from the antique, precious and authentic wisdom of alpine settlement, most of which today has been lost[5].

Watching Sailer's pictures, it is evident how the urban centres in the Dolomites, in general and in detail, have undergone a profound transformation and often an evident trivialization. In agreement with what Enrico Camanni, attentive scholar in matters regarding the Alps, believes, in the mountains one has to face at least two enemies of the "good project", the landscape, the urban quality and the architecture[6]. The first is the so-called "sentiment of nostalgia" that first came with the romantic discovery of the alpine landscape at the end of the eighteenth century, and pervaded every citizen's view of the mountain. This, according to Camanni, can be translated into the tracing back of the cultural models, as well as the urban and architectonic models, to their rustic and picturesque images, which trigger the reiteration of "tradition", encompassed in wood and stone, in the rascard, chalet and cabin styles. The second enemy is called the "periphery", which means not only considering the Alps as an extension of the town and prosthesis

---

5 - E.Turri, "Antropolgia del paesaggio", Marsilio, 2008; R.Dini, Giornale dell'Architettura, 2009

6 - Enrico Camanni, in "paesaggi verticali", Marsilio editori e "La nuova vita delle Alpi" (Bollati Boringhieri, 2002)

protesi della metropoli, ma soprattutto nell'adottarne, come detto prima, i modelli, nel realizzarne le costruzioni alla stessa maniera delle periferie urbane di qualsiasi centro o città, con condomini, villette, schiere, marciapiedi, asfalto e cemento, come, né più e né meno, i diversi e inquietanti frammenti residenziali di qualsiasi altra parte della penisola[7].

Infrastrutture interne: da semplice collegamento ad occasione di valorizzazione di paesaggi e contesti
-
In questa direzione un esempio concreto, da proporre all'attenzione del pubblico, riguarda proprio alcuni virtuosi atteggiamenti che, a partire da chi amministra il paesaggio, il territorio, le città e le infrastrutture, possono venire contro questa estrema e diffusa tendenza alla riduzione qualitativa. E l'esempio è cogente e se ne discute da tempo, riguarda, nel segmento trentino, sia l'intero sistema montano che le aree dolomitiche in esso ricadenti. Il progetto della mobilità previsto nel PUP in vigore, punta sulla sostenibilità integrale, dunque su una possibile ed efficace "cura del ferro". Lungi dall'essere questa l'occasione per approfondire gli aspetti logistici e di opportunità di questa scelta, ci interessa invece discutere di un aspetto che rimane sempre nell'ombra, causa il sopravvento della tecnica dell'ingegneria infrastrutturale su qualsiasi altro aspetto del progetto.
Insistiamo da anni su questo tema, e torniamo a ribadirlo in questa importante occasione: le infrastrutture non sono solo collegamenti efficienti da un punto all'altro, ma una importante occasione per la definizione di un progetto di contesto. Ancor più se il contesto è quello alpino e dolomitico, il tema si riempie di significati e di possibili arricchimenti. Stiamo lavorando ad una ricerca importante (Trento-Politecnico di Torino). La ricerca si intitola significativamente "Mov&Alps", e la parte trentina è interamente dedicata a due aspetti: da un lato l'intermodalità tra rete locale e rete nazionale europea e le sue ricadute sui sistemi urbani, dall'altro la possibilità di indagare come da "metroland" si possa passare a "metrolandscape". Non è ne uno slogan, né un vezzo. Si tratta, al contrario, di cogliere la reale opportunità di associare il tema della mobilità nel paesaggio al landmark delle Dolomiti, e di sperimentare un modello nuovo in

Internal infrastructure: from simple connection to an occasion to valorize the landscape and the surroundings
-
In this context a concrete example, to be brought to the public's attention, is given by some virtuous works that, given the possibility by those who administrate the landscape, the territory, the cities and the infrastructures, could give a solution to this extreme and diffused tendency toward the reduction of quality. A compulsory exemplar that has been under discussion for some time now regards the Trentino segment, including both the entire mountain system and the dolomite areas that fall within it. The project regarding the transport and mobility foreseen by the current PUP (Provincial Urban Plan) aims at integral sustainability, and so towards a possible and efficient cure. Far from being the occasion to go into detail concerning the logistic aspects and opportunities of these choices, we are interested, on the other hand, in discussing an aspect that remains constantly in the shadows, due to the upper hand given to the infrastructural engineering techniques over any other aspect of the project.
We have been insisting on this theme for many years, and in this important occasion we feel the need to reaffirm it: the infrastructure is not just a network of connections between two points, but an important occasion to lay down a project for the context. This is even more true if the context in question is an area of the Alps or the Dolomites, as the issue becomes full of meaning and possibilities of enrichment. We are on the verge of launching an important research project (Trento-Politecnico di Torino). The research is meaningfully entitled "Mov&Alps", and the Trentino area is entirely dedicated to two aspects: firstly the intermodal transport between local networks and national-European networks and its effects on urban systems, and secondly the investigation of how "metroland" can become

---
7 - P.Scaglione –a cura di- "High_Scapes. Le Alpi," LISt, Barcellona, 2009

cui protagonisti siano tre elementi tra loro imprescindibili:
- muoversi nelle Alpi senza inquinare collegando aree centrali e marginali;
- valorizzare i territori attraversati nei tratti di connessione;
- muoversi nel paesaggio alpino e dunque dolomitico, costruendo un percorso, che sia sempre in perfetta sintonia con il paesaggio attraversato, che abbia una rete di stazioni come architetture di qualità nel paesaggio e in grado di generare qualità e originalità all'intorno, che costituisca, a tutti gli effetti una nuova opportunità di definizione di un diverso modello insediativo.

Del resto, e spiace e imbarazza citare sempre quanto accade vicino, basta andare ad Innsbruck, o più a nord verso Monaco per vedere che le infrastrutture sono tutto ciò insieme, anche perché sempre frutto di un lavoro corale di equipe che vede insieme ingegneri, architetti-urbanisti, paesaggisti.
Dunque oltre quella separazione di saperi, che, sia nella ricerca che nella professione, non paga più perché ormai troppo parziale in un mondo che esige risposte complesse ed articolate da più saperi.

Il turismo di massa: un modello obsoleto. Verso il "landscape-tourism"

–

Un caso su tutti, perché ci riguarda, investe un'area dolomitica. Il paventato "Grand Hotel Marmolada Welness" che già nel nome racchiude una potente minaccia ad uno dei luoghi culto delle Dolomiti. Si tratta di un insediamento di ben 90.000 metri cubi, a 1500 metri sotto Malga Ciapela, in provincia di Belluno, 100 appartamenti, 54 chalet per un totale di 248 stanze, welness, ristoranti, piscine, negozi, palestre! Vi dicono qualcosa questi numeri? Bene, il progetto è approvato e costituisce una pesante aggiunta negativa ad un paesaggio già compromesso. La valle ai piedi della splendida Marmolada è iper abusata e purtroppo soggetta a continue aggressioni, non ultima una assurda variante che autorizza una inutile funivia che dovrebbe portare in cima alla Marmolada.

"metrolandscape". This is neither a slogan nor a praise. On the contrary, it is an opportunity to associate the theme of mobility through the landscape to the landmark of the Dolomites, experimenting with a new model in which the protagonists are three inseparable elements:
- movement through the Alps without polluting, connecting central and marginal areas;
- valorization of the territory along these connections;
- movement in the alpine and dolomite landscape, creating a trail that is always in perfect harmony with the concerned landscape, that has a network of stations marked by quality architecture, able to grant quality and originality to the surrounding landscape, and providing a new opportunity to define a new model of settlement.

For that matter, although it is a shame and an embarrassment to continuously mention what goes on nearby, it is sufficient to go to Innsbruck or further north to Munich to witness infrastructure that satisfies these three points, result of a synchronized team effort of engineers, architects, urbanists, and landscape architects. In short, it goes beyond that separation of disciplines that, both in research and in practice, no longer pays off, as it is too partial for a world that expects complex and articulated answers from a variety of disciplines.

Mass tourism: an obsolete model. Towards "landscape-tourism"

–

An important case, as it concerns us, is that of the area in the Dolomites. The feared "Grand Hotel Marmolada Wellness", whose name already poses a potent threat to one of the Dolomites places of worship. A grand 90,000m3 of hotel, 1500m below the Malga Ciapela in the Province of Belluno, containing 100 apartments, 54 chalets for a total of 248 rooms, spa, restaurant, swimming pools, shops and gym! Do these numbers say anything to you? Good, because the project has been approved and it constitutes a heavy addition to an already compromised landscape. The valley at the foot of the splendid Marmolada is over-abused and unfortunately subject to continuous aggression, a recent one being an absurd variant that authorizes a useless ski lift that takes people to the peak

Nessuna delle aree dolomitiche è esente da questo pericolo, tantomeno il Trentino, nessuno di questi interventi aiuta il turismo (60 milioni di presenze annue sulle Alpi, quattro volte di più della popolazione permanente!) bensì sopprime letteralmente ogni fisionomia e identità locali, sopprime la cosiddetta filiera corta di economie che hanno retto per secoli, mette in ginocchio la minuta rete di attività ricettive, traduce questi luoghi da naturali a finti e simili a modelli di importazione. "Il Grand Hotel Marmolada wellness sarà costruito qui, dove c'è il grande parcheggio per la funivia. Gli chalet saranno poco lontano, sulla strada verso la centrale idroelettrica. Ma saranno fatti bene, sembreranno i fienili di una volta". Il sindaco che rilascia questa insensata dichiarazione alla stampa, albergatore a Malga Ciapela, è il primo cittadino di Rocca Pietore. "Gli hotel, e anche le seconde case, continuano a pagare l'Ici. Così avremo i soldi per il bilancio comunale" conclude in bellezza[8].

Cosa ha a vedere la cinica e banale dichiarazione preoccupante di questo primo cittadino con il paesaggio? Con la cultura alpina? Con le Dolomiti Unesco?

Ancora una volta -per non correre il rischio di confondersi con l'ambientalismo opposizionista a tutti i costi, perché non mi appartiene, bensì convinto della cultura del progetto come strumento di indagine e percorso per la qualità- voglio segnalare che esistono più di una possibilità alternativa, che proprio nella ricchezza e autenticità paesaggistica devono ritrovare un percorso credibile. Una forma di "landscape-tourism", cioè centrato sulla peculiarità, valori e attenzioni al paesaggio nella sua interezza e autenticità, soprattutto perché ancora oggi, sono proprio i paesaggi, la rete dei piccoli centri, i paesi, i borghi a garantire identità ai luoghi alpini, a confermare la tenuta identitaria e a costituire, malgrado tutto, il fulcro di attrazione per lo sviluppo. Al contrario, i villaggi in quota, i mega resort, veri «non luoghi» clonati e identici ovunque, sono un modello invasivo e avulso, spesso fintamente tradizionale, imposto da regole finanziarie-speculative e non da relazioni con il paesaggio, con il contesto, imposto alle società locali.

of the mountain. None of the areas of the Dolomites are exempt from this danger, even in Trentino, and none of these operations help tourism (with 60 million tourist a year in the Alps, four times the resident population). Instead, they literally suppress any physiognomy and local identity, they suppress the economy that kept it on its feet for so many centuries, they break down the minute network of receptive activity and translate these natural places into false and imported models. " The Grand Hotel Marmolada Wellness will be built here, next to the big car park for the ski lift. The chalets will be nearby on the road that leads the hydroelectric plant. But they will be built nicely, they will look like the haylofts from the olden days." The mayor that released this statement to the press, hotel manager in Malga Ciapela, is the first citizen of Rocca Pietore. "The hotels and the second houses will continue to pay the ICI. This way we will have the money for the budget," he beautifully concludes[8].

What does this cynical and trivial worrying declaration by the mayor have to do with the landscape? With the alpine culture? With the Unesco Dolomites?

Again – in order to not risk being mistaken for the opposing environmentalists, as I'm not one of these but a person convinced that it is the culture of the project that must be investigated and used to determine the quality – I would like to point out that there is more than one alternative, which, among the rich and authentic landscape, must attain credibility. In short, a form of "landscape- tourism", aimed at the peculiarities, values and attention to the landscape as a whole and in its authenticity, especially as today it is still the small network of centers, villages, districts that guarantee the identity of the alpine context, that confirm the permanence of the identity and that build, after all, the core attraction for development. On the contrary, the villages high in the mountains, the mega resorts, the real "non-places", clones and identical, constitute an invasive and detached model, often falsely traditional, imposed by financial-speculative rules, and not relationships with the landscape, with the context, imposed by the local communities.

---

8 - R.Dini, Giornale dell'Architettura, 2009

Habitat compatibile: non solo sostenibilità e risparmio energetico, ma qualità architettonica e paesaggistica

L'attenzione del World Heritage alle Dolomiti, non chiede altre banalizzazioni, altre superficiali e contraddittorie proposte di alterazione o compromissione di questo patrimonio.
Siano le Dolomiti a partire da ora, un modello per l'intero sistema alpino, un luogo in cui rinnovare una stagione di attenzioni al paesaggio e di innovazione intelligente e attiva dei modelli fin qui adottati. E in questo senso non è sufficienti dotarsi e fregiarsi di aggettivi "eco" o "sostenibile", o dei superficiali richiami alla compatibilità ecologica e alla sostenibilità, generiche e modaiole, se interpretate come una spruzzatina di attenzione alle regole del risparmio energetico, del costruire naturale. Che non risolvono affatto il problema, ma lo complicano e mistificano, e che in fondo non garantiscono alcuna reale qualità architettonica e paesaggistica e meno ancora attenzione al contesto.
È un errore pertanto, subire ancora un turismo modaiolo e distratto che dimentica l'autenticità alpina e scimmiotta, imita, ripropone ancora oggi strutture costruite in questa epoca e spacciate come finte di un'altra, abitazioni e camere di lusso, dotate di ogni confort, che riprendono acriticamente la forma dei villaggi di montagna, in realtà severi, spogli, rigorosi e in equilibrio con il paesaggio. È un errore non dirigere le energie verso un modello che punti sull'habitat compatibile con la vera natura dei luoghi e che significa un turismo "slow", proteso alla valorizzazione della lentezza come valore intrinseco della montagna, che ritrovi in queste aree forme diffuse di rottamazione edilizia e urbana, di agriturismo e ricettività diffusa, di recupero dell'esistente, di qualità architettonica e di attenzione al paesaggio come forte ancoraggio alla realtà dei luoghi, opposto ai "buchi neri" della moda dei grandi resort.

Compatible habitat: not just sustainability and energy saving, but also architectonic and landscape quality

The attention of the World Heritage to the Dolomites indicates the little acceptance of further trivialization, and of superficial and contradictory proposals to alter and compromise this patrimony.
From now on the Dolomites stand as a model for the entire alpine system, a chance to renovate our awareness of the landscape and for intelligent and active innovation of the models adopted until now. And in this sense it is no longer sufficient to arm oneself with the adjectives "eco" and "sustainable", or with the superficial call for generic ecological compatibility and sustainability, if these are then interpreted with little attention to the rules of energy saving and green building. These do not resolve the problem, but complicate and mystify them, and they do not guarantee any real architectural or landscape quality or attention to the context. It is a mistake to endure more fashionable and distracted tourism, that forgets about the authenticity of the Alps and mimics, imitates and re-proposes structures built in this age that sell themselves as fakes of another age, houses and luxury rooms, equipped with every comfort, which blindly mirror the forms of the mountain village, which in reality are stern, stripped of excesses, rigorous and in balance with the landscape. It is an error to not direct our energies towards a model that aims at a habitat compatible with the true nature of the places and that signifies "slow" tourism, that aspires toward the valorization of slowness as an intrinsic value of the mountain, and that finds in these areas diffused forms of recycled buildings and urban spaces, agrotourisms and diffused receptivity, that recover existing buildings, are of architectural quality and pay attention to the landscape, using it as a link to the reality of these places, as opposed to those "black holes" of fashionable resorts.

Dolomiti Unesco: una strategia complessiva e non per singole parti, un grande progetto di sviluppo, salvaguardia e valorizzazione. Una ricerca con ricadute, il ruolo positivo della conoscenza e della innovazione

Sono trascorsi meno di cinque anni dalla pubblicazione della ricerca: "Switzerland, an urban portrait"[9]. Una eccellente, ancora attuale, e originale ricostruzione dei tratti salienti della Svizzera contemporanea, ad opera di un gruppo di docenti dell'Eth di Zurigo. Commissionata e sostenuta dal governo regionale e istituzioni private, la ricerca è una impietosa quanto affascinante e articolata "fotografia" reale, cruda e incisiva, di come l'urbanizzazione e la metropolitanizzazione, stiano rischiando di compromettere l'identità alpina della Svizzera. Affascinato e stimolato dai risultati di questa ricerca, sulla scia di un percorso avviato e con il desiderio di misurarmi con un tema analogo, per il versante italiano, nel nostro piccolo ma iper attivo Laboratorio TALL, presso la nostra Università, con un compatto, fedele e attivo drappello di allievi del V anno, abbiamo dato vita all'"Atelier Around Dolomiti". Un osservatorio durevole, sulle Dolomiti. Lo abbiamo fatto perché convinti che questa occasione offerta dal World Heritage sia giunta a proposito per intraprendere un percorso nuovo di studi e proposte per le Alpi. E perché convinti che le "Dolomiti patrimonio dell'umanità" siano una grande occasione non per restare estatici di fronte alla loro bellezza, ma per voltare pagina rispetto al dispersivo modello fin qui descritto e tratteggiato. L'Atelier "Around Dolomiti", sorto quest'anno presso il corso di Progettazione Urbanistica del V anno di Edile-Architettura, nasce pertanto per provare ad immaginare uno scenario futuro diverso, per rendere evidente, da un lato, che il paesaggio non è risorsa inesauribile, anche questa si consuma e si altera, si usura, si depaupera. Nasce anche in vista del nuovo Corso di Laurea Magistrale in Ecologia, Urbanistica e Paesaggio Alpino, che con Bolzano e Innsbruck sta per prendere corpo. Dall'altro lato nasce, e si propone come interlocutore delle cinque amministrazioni interessate -e con l'obiettivo di coinvolgere le altre tre università interessate, il Cipra, il nascente Muse, e altre associazioni ed enti- per cogliere questa occasione come percorso di studi, ricerche e proposte, che sappia delineare una strategia complessiva che punti tanto a fotografare il

---
9 - AA.VV.: "Switzerland: An Urban Portrait", Birkhäuser, 2006

Unesco Dolomites: a strategy that is comprehensive and not composed of singular parts, a great project for development, protection and valorization. A research project with repercussions, the positive role of knowledge and innovation

It has been less than five years since the publication of the research: "Switzerland, an urban portrait"[9]. An excellent, and still valid, original reconstruction of some of the highlights of contemporary Switzerland, conducted by a group of lecturers from the Eth of Zurich. Commissioned and supported by the regional government and private institutions, the research is a merciless, fascinating and articulated "photograph" of the real, crude and incisive way that urbanization and metropolization risk compromising the alpine identity of Switzerland. Fascinated and inspired by the results of this research, on the trail of a path already set up, and with the desire to measure myself up to an analogous theme in the context of Italy, our small yet active TALL Laboratory of the University of Trento, made up of a compact, loyal and active squad of fifth year students, gave life to the "Alterier Around Dolomiti". A lasting observatory of the Dolomites. We have done this as we are convinced that the occasion given to us by the World Heritage is one that is meant to motivate new studies and proposals for the Alps. Also because we believe that the "Dolomites, patrimony of humanity", give us the great occasion not to remain stunned by their beauty, but to turn a leaf and move away from the dispersive model previously described and outlined. The Altelier "Around Dolomiti" was born within the fifth year Urban Planning module of the Building-Architecture (Edile-Architettura) course in Trento, generated in order to imagine different future scenarios, and to point out that, on the one hand, the landscape is not an inexhaustible resource, but it too gets consumed, altered, used and impoverished. It comes in occasion of the new Masters Degree in Ecology, Urbanism and Alpine Landscape, which Bolzano and Innsbruck are organizing, and is proposed as a spokesman for the five administrations interested – and with the aim of involving the other three universities concerned, the Cipra, the upcoming Muse and other associations and boards – in order to seize this occasion as a moment for studies, research and proposals,

reale stato dei luoghi, quanto a ripensare un progetto corale e condiviso, partecipato, che prefiguri la vision di nuovo modello di crescita centrato sul rispetto della natura e in grado di garantire sviluppo armonico, senza freno ad alcuna attività economica e umana compatibili. Una vision in cui prevalga il senso dei luoghi, la misura e i tempi lenti dello scorrere di un ritmo smarrito, che serva da guida ad ogni nuovo intervento. Intendendo ciò non come acritico blocco allo sviluppo economico e di attività che pure il territorio dolomitico può accogliere, ma come un insieme di regole e progetti pilota, che sappiano declinare interventi e strategie, che abbiano in nuove politiche per i paesaggi alpini un sistema di riferimenti certi. In questo senso, dunque, l'esperienza dolomitica, vista dall'osservatorio di un luogo di ricerca avanzata, è un eccellente volano di innovazione, una occasione unica per sperimentare nuovi modelli di urbanistica attiva per i contesti sensibili –Alpi e Dolomiti lo sono per eccellenza come abbiamo visto- per costruire un grande Laboratorio paesaggistico che sappia declinare un nuovo decalogo di atteggiamenti positivi, come tutti quelli attraversati in questa excursus: dall'insediarsi all'abitare di qualità, dal dire no a taluni resort e si a forme nuove di integrazione tra architettura e paesaggio, dal costruire infrastrutture e reti coerenti, dal rifuggire dalla tradizione più bieca e riduttiva per inventare una contemporaneità necessaria e in sintonia con luoghi unici, dall'accogliere turisti al valorizzare territori marginali, contesti e beni rari, dal produrre nuove forme di economia che proprio nel rispetto della natura trovino il loro punto centrale. Senza questa spinta, che abbia però alla base un grande progetto strategico e di valorizzazione, di scala interregionale e con una regia intelligente, con il paesaggio come perno di tutte le politiche, può perdere di peso e significato il valore dell'essere patrimonio dell'umanità. D'altro canto, esempi illustri insegnano che il rischio è che tutto diventi cartolina, fiore all'occhiello, vacui protocolli, meri proclami. Anche le Dolomiti, dunque, per essere patrimonio di tutti e soprattutto dei "dolomitici" chiedono e necessitano di un disegno unitario, di un grande, corale, condiviso e partecipato progetto paesaggistico e culturale che tanto le tuteli, quanto sappia valorizzarle.

that are able to outline comprehensive strategies that look to photograph the real status of the places in question, and to rethink a new synchronized, shared and participated project that prefigures the vision of a new model for growth, centered on the topic of nature, and able to guarantee a harmonic development that doesn't inhibit compatible economic and human activities. A vision in which the sense of place, the measure of time and the slow passing of a lost rhythm prevail, and guide every new intervention. Not intended to acritically block economic development or activities that even the territory of the Dolomites can accommodate, but as a system of rules and pilot projects, that are able to accept interventions and strategies and that propose new politics for the alpine landscape that become a point of reference. In this sense, the experience of the Dolomites is, as seen from the point of view of advanced research, an excellent base for innovation, a unique occasion to experiment new models of active urbanism in sensitive contexts – the Alps and the Dolomites in our case – with the aim of setting up a great landscape Laboratory that offers a new code of positive behavior to all those concerned: from basic settlement to quality living, from saying no to resorts and yes to new forms of integration of architecture and landscape, from building coherent infrastructure and networks, from escaping from callous and reductive ideas of tradition to creating a contemporary necessity that is in synchrony with these unique places, from accommodating tourists to valorizing marginal territories, contexts and rare elements, from producing new forms of economy that find their centrality with respect to nature. Without this thrust, which is nevertheless based on a great project of strategy and valorization, of interregional scale, directed intelligently with the landscape at the centre of the politics, the value of being a patrimony of humanity risks losing weight and meaning. Then again, important examples show how everything risks turning into a postcard, empty protocols, mere proclamations. Even the Dolomites, in conclusion, to really be a patrimony for everyone and above all of the inhabitants, it is necessary to draw a unitary picture of a great, synchronized, shared and participated project for the landscape and for the culture, that protects it and valorizes it.

Tratto da un intervento dell'autore al Seminario "Dolomiti. Patrimonio Unesco, Paesaggio e vivibilità", Trento, novembre 2009.
Taken from an intervention by the author during the seminar "Dolomiti, Patrimonio Unesco, Paesaggio e Vivibilità", Trento, November 2009.

DOLOMITI TRA SCIENZA E NATURA
CONVERSAZIONE CON MICHELE LANZINGER, DIRETTORE DEL MUSEO TRIDENTINO DI SCIENZE NATURALI

DOLOMITES BETWEEN SCIENCE AND NATURE
CONVERSATION WITH MICHELE LANZINGER, DIRECTOR OF THE TRIDENTINO MUSEUM OF NATURAL SCIENCES

a cura di/edited by **Valentina Ramus**

Michele Lanzinger è direttore del Museo Tridentino di Scienze Naturali. Valentina Ramus è ingegnere/architetto e borsista presso l'Università di Trento
Michele Lanzinger is Director of Museo Tridentino di Scienze Naturali. Valentina Ramus is engineer/architect and scholarship holder at University of Trento

Valentina Ramus: Direttore Lanzinger, ci descrive la Genesi geologica – paesaggistica delle Dolomiti: come geologia e geografia definiscono il paesaggio delle Dolomiti? Quali sono le caratteristiche che rendono queste montagne così particolari?
-
Michele Lanzinger: Le Dolomiti occupano la porzione meridionale dell'arco alpino. Si tratta quindi, di fatto, di frammenti di Africa che nel corso di milioni di anni si sono progressivamente avvicinati per via della tettonica delle placche, adagiandosi sul paleo-continente europeo. Da qui la loro storia, "racconto" molto affascinante perché abbastanza ben studiato ma che, al contempo, sotto alcuni aspetti è ancora da scoprire.
Circa 300-350 milioni di anni fa, l'arco alpino era costituito da un paleo-continente composto da grandi terreni planiziali lambiti da un paleo-mare meridionale: c'erano terre emerse come pianure semidesertiche e talvolta percorse da torrenti, disseminate da resti vegetali e rettili animali e bagnate dal mare. A questa prima fase seguì poi un periodo di continua sommersione ed emersione delle terre in mari poco profondi. Principale testimonianza di questo continuo salire e scendere dei terreni rispetto al livello dell'acqua sono allora le numerose rocce stratificate, in parte erodibili perché costituite da sabbie e limi, che rappresentano la vera e propria dimostrazione dell'antica esistenza di bordi marini terrigeni in un ambiente di "piana planiziale" molto simile alla costa adriatica prima della

Valentina Ramus: Director Lanzinger, could you describe the geological and environmental genesis of the Dolomites: how do the geology and geography of the Dolomites define the landscape? What are the characteristics of these mountains and what makes them so particular?
-
Michele Lanzinger: The Dolomites occupy the southern portion of the alpine range. Therefore, these mountains are really fragments of Africa that over the course of millions of years has progressively moved closer due to the tectonic plates, and overlapping the European paleo-continent. This is how Dolomites has originated: this is a very fascinating story and even if we know so much about it, there is still a lot left to discover.
Around 300-350 million years ago the alpine range consisted in a European paleo-continent composed of vast areas of flat land immersed in the sea: some of these were desert and some crossed by rivers and scattered with vegetation and reptiles. This first phase was followed by a stage of periodic advance and retreat of the waters. Evidences of the repeated submersions and emersions of the land above the sea level are the stratificated rocks, some of which are erodible due to its composition of sand and lime, and represent the ancient beaches of these plains, very similars to the Adriatic coast before its anthropization. In this period also occurred deeper dives - with a continuous training of reefs and also the parallel composition of deep basins - and, at the same time, volcanic

Sala della geologia del paesaggio trentino nel Museo Tridentino di Scienze Naturali

sua antropizzazione. In questo contesto si verificarono anche immersioni più profonde – con la continua formazione di sistemi di scogliera e anche la parallela composizione di bacini anche profondi – e, al contempo, attività vulcanica molto vivace, con il deposito di ceneri e lapilli sui fianchi di questi bacini. Alla base di tutto questo sistema, c'era una grande struttura porfirica – quello che noi conosciamo oggi come il Piastrone Porfirico Atesino – una sorta di vassoio rigido sul quale ebbero luogo questi fenomeni.

Circa 30-50 milioni di anni fa, dopo che tutta la zona dolomitica era andata nuovamente sommersa diventando un profondo bacino oceanico, di cui è testimonianza la roccia che costituisce i blocchi del castello e la pavimentazione urbana di Trento, si verificò un ulteriore fenomeno di compressione delle terre: in questa fase la piastra porfirica – il cui margine meridionale è oggi la catena del Lagorai – si è progressivamente sollevata andando a costituire con tutto il suo contenuto, come una sorta di torta a strati con le sue creme, tutto l'insieme dolomitico. Tutt'oggi possiamo osservare questi strati portati in alto e molto orizzontali, quasi piani: questo risulta molto evidente, ad

activity, very lively, with the deposit of ash and lapilli on the flanks of these basins. Below this structure, there was a large porphyritic structure - what we know today as the Atesino Porphyric Plastron - that was a sort of tray on which took places these phenomena. Around 30-50 million years ago, when the whole dolomite area was again submersed, becoming a deep oceanic basin, and whose result is the very stone that was used to build the Castle and to pave Trento, happened again a phenomenon of rocks's compression: in this phase has gradually raised the plate porphyritic- whose southern margin is now the mountain range Lagorai-, going up, as a sort a cake with its layer of cream, the Dolomites. These horizontal layers are visible even today, and it is particularly evident, for example in the Catinaccio range, if you observe it from the west to east, shows very clear horizontal lines, testimony of the islands and of those portions of underwater slopes that gradually has been moved away from life to become debris. In the Dolomites it is possible to identify clearly layers of rock softer and more erodible, ripple marks and fossil: the geological history of the Dolomites is, therefore, a story of life and movement, in which

esempio, nella catena del Catinaccio, che se osservata da ovest verso est mostra linee orizzontali molto nitide, vera e propria descrizione dal vivo degli atolli e di quelle porzioni di versante sottomarino che mano a mano si allontanavano dalle zone vive per essere detriti. È tuttora possibile individuare chiaramente, nelle Dolomiti, strati di roccia più morbidi e più erodibili, ripple marks e fossili: la storia geologica delle Dolomiti è cioè una storia di vita, di movimento, in cui la progressiva emersione del terreno, l'incisione da parte dei fiumi e i grandi eventi delle glaciazioni degli ultimi anni sono molto ben leggibili. Anche durante una semplice passeggiata tutto ci parla di questa storia di milioni di anni: dal ciottolo lungo il sentiero al piccolo affioramento di roccia, dall'alveo di un torrente allo skyline della montagna.

Su questo si inserisce tutto l'assetto di tipo naturalistico delle Dolomiti, la biocenosi e le specificità alpine: le Dolomiti, rimaste isolate per migliaia di anni per via delle azioni glaciali, sono un'arca di biodiversità nei confronti dei territori circostanti –più planiziali e quindi caratterizzati da una diversa ecologia– e sono caratterizzate da una specifica speciazione degli organismi che è conseguenza diretta di un percorso biologico darwiniano ben leggibile e marcato. Con la loro verticalità altitudinale le Dolomiti permettono d'altra parte di passare, nel percorso di un paio di giorni a piedi o di 40 minuti con un'automobile, dal clima e assetto naturale di tipo sub-mediterraneo del lago di Garda a una dimensione da tundra delle porzioni prospicienti i ghiacciai: questa è la caratteristica peculiare dei distretti dolomitici che rende unica la geologia di questo paesaggio. Su questo è possibile osservare come la presenza storica delle culture forestali e silvo-pastorali abbiano plasmato la forma stessa del paesaggio: il limite superiore del bosco ormai non è più naturale, le aperture del bosco rispetto alla monotonia della copertura forestale –che costituiscono i campivoli per la produzione silvo-pastorale della mezza quota– diventano al tempo stesso ecotoni meravigliosi creando linee di confine particolarmente ricche dal punto di vista ecologico. Al tempo stesso il paesaggio dolomitico è segnato dalle stesse infrastrutture dell'uomo che, se vissute e contenute nell'ambito di un rapporto e funzione coerente con gli spazi, danno un valore aggiunto al territorio stesso.

the progressive emersion of the land, the incision of the rivers and the great glaciations are recognizable. Even during a simple walk we can read the signs of millions of years of history: it is evident in a pebble found along the path, in a rocky outcrop, in the riverbeds and in skyline of the mountains. To this we add all the natural asset of the Dolomites, the biocenosi and elements specific to the Alps: To this we add all the natural asset of the Dolomites, the biocenosi and elements specific to the Alps: after having remained isolated for thousands of years due to the glaciations, the Dolomites constitute an area of biodiversity compared to its surroundings – which are flatter and so have different ecological characteristics – and demonstrate a specific set of species that are the direct consequence of a clear Darwinian evolution. Due to their significant height, the Dolomites allow to switch, in a few days walking or 40 minutes by car, from the sub-Mediterranean climate of Lake Garda to the glaciers of the higher mountains. This is the peculiar aspect of the Dolomites, and it is what makes the geology of this land so unique. It is quite evident that, through history, the presence of forest and agriculture have moulded the shape of the landscape: the upper limit of the woods is no more natural, the openings in the forest – which constitute areas for medium-altitude agricultural production – becoming marvellous ecotones and creating, from an ecological point of view, particularly rich boundaries. In parallel, the dolomite landscape is marked by an infrastructure that, when utilized and contained into a context of relationship and function that is coherent with the space, can generate and additional value to the landscape itself.

V.R. Dal punto di vista di un osservatorio privilegiato quale è il Museo di Scienze, cosa possono offrire le Dolomiti rispetto ad altre montagne in un'ottica di turismo montano sì, ma che sia turismo sostenibile?

M.L. Nel territorio alpino occorre sicuramente riconoscere le istanze di modernità tenendo però bene distinte le diverse unità di paesaggio, i luoghi dove si può e i luoghi dove non si può: se gli umani oggi esprimono delle esigenze di globalizzazione culturale, di scambio – sia di giovani residenti che di visitatori – non è possibile considerare questo territorio come delle riserve incontaminate di wilderness e la richiesta di compromessi diventa necessaria. Si tratta d'altra parte di un'esigenza già praticata: le nostre valli sono delle isole di antropizzazione in cui gli aspetti di sprawl, di urbanizzazione si esprimono nel fondovalle alpino così come quanto avvenuto negli ultimi anni nella pedemontana. Se dunque la componente percettiva del paesaggio è importante, occorre sapere che noi percepiamo quello che viviamo: senza sovrastimare il ruolo del maquillage, la cura e l'attenzione alle prospettive e alla vista devono effettivamente essere gli elementi caratterizzanti della qualificazione del progetto nel contesto alpino. Lungo le strade di accesso e lungo i luoghi di frequentazione del fondovalle occorrerà allora porre la massima attenzione alla qualità del costruito e degli spazi; il rischio altrimenti è quello di contrasti veramente troppo forti, con un grave degrado nel fondovalle e poi però una pretesa di naturalità a pochi minuti di cammino. Se ben ragionato tutto questo fa qualità: l'obiettivo a cui occorre mirare è quello di un territorio in grado di vivere la contemporaneità, –con le sue facilities come presenza di infrastrutture, scuole, servizi, ricettività– ma che, al contempo, sia a contatto con una dimensione naturale ben conservata e valorizzata. La vera scommessa della progettazione nel contesto alpino –e dolomitico, dunque– è quindi questo mix di territorio che, pur riconoscendo le istanze di modernità, sa intendere la naturalità: noi non possiamo trasformare il Trentino in una riserva isolata e, insieme, non possiamo competere con il territorio semplicemente portando modelli antichi di industrializzazione all'interno delle valli ma dobbiamo riuscire a trovare il giusto equilibrio in cui il valore aggiunto della natura rimanga inalterato. Il concetto di sostenibilità si traduce

V.R. From the informed point of view of the Science Museum, what can the Dolomites offer in comparison to other mountains in terms of both mountain tourism and sustainable tourism?

M.L. In the alpine territory it is important to recognise the requirements of modernity, keeping in mind however the various units of the landscape, where one can and where one can't: if man today expresses his need for cultural globalization and exchange –both in the form of young residents and visitors – it is no longer possible to consider this land as uncontaminated reserves of wilderness and so the need for compromise becomes necessary. This is a need that has already been considered: our valleys are islands of anthropization in which sprawl and urbanization concern the valley floor, in the same way that in the past years they have concerned the foot of the mountain.
If the perception of the landscape is important, it becomes useful to know that we perceive our surroundings: without overestimating the role of retouches, the care and attention to the perspective and views of the landscape must effectively be characterizing elements in qualifying the projects for the alpine context. Along the major roads of access and in the most frequented areas of the valley it therefore becomes important to pay maximum attention to the quality of the built space; otherwise one risks exaggerated contrasts, such as a severe decay on the valley floor and at the same time an expectation of nature nearby. Careful thinking leads to good quality: the objective should be that of a territory that responds to modernity – with its facilities such as infrastructure, schools, services and reception – but which, at the same time, is in contact with a natural dimension conserved and valorised.
A real challenge for architects is to face the alpine and dolomite context, creating a mixed territory which, although recognizing modernity, is capable of interpreting nature: we can't presume to transform Trentino into as isolated reserve, and we can't compete with the territory by simply importing old models of industrialization. What we have to do is find a harmonious balance in which the value of nature remains unaltered.
The concept of sustainability should be interpreted as the identification of a durable model of development, the possibility

dunque in individuazione di un modello di sviluppo durevole, possibilità di vivere l'esperienza del territorio montano senza distruggere o banalizzare il rapporto con il territorio stesso: il concetto della montagna incantata o l'idea di turismo di inizio secolo possono oggi essere modificati con la creazione di facilities, infrastrutture e luoghi di ospitalità e residenzialità propri della contemporaneità, ponendo al contempo attenzione alla dimensione naturale del nostro territorio, con una politica urbanistica di qualità che risuoni del concetto di densità urbana e non più dispersione. In questa maniera sarebbe possibile garantire quegli spazi aperti, quella percezione dei territori adiacenti vocati invece a una dimensione naturale, vero valore aggiunto, specifico, non falsificato e falsificabile del territorio.

V.R. È possibile individuare un modello di sviluppo turistico sostenibile e che sia anche scientifico?
-

M.L. Ai fini di uno sviluppo sostenibile legato al turismo, occorre d'altra parte costruire curiosità per questi territori, rendere le persone orgogliose di sapere delle Dolomiti, di questo territorio, così come quando vanno a fare turismo nelle città d'arte: bisogna fare leva sul nostro naturale senso di curiosità, sull'appropriazione culturale che diventa una merce di scambio, oggetto di dialogo nelle relazioni, affinché andare sulle Dolomiti equivalga a intraprendere un percorso esplorativo.
Questo percorso tra l'altro potrebbe certamente coinvolgere gli stakeholders locali che potrebbero investire su questo aspetto così come le città d'arte investono su ristoranti e prodotti tipici, ma soprattutto sulla creazione di un percorso culturale per il turista: attraverso piani di marketing che lavorino sul food e sulla ricettività, ma anche sul paesaggio e sulla tipizzazione, l'attività turistica potrebbe diventare, da mero turismo di destinazione, turismo di esperienza. L'ambiente dolomitico può quindi diventare territorio della conoscenza, luogo dell'esplorazione attraverso percorsi di appropriazione dell'esperienza, puntando -per la sua promozione- non tanto sul low cost quanto sull'high experience attraverso un modello di sviluppo legato non più soltanto alla ricettività –food, wellness e ospitalità - ma soprattutto alle professioni creative e all'inventiva, mediante azioni di interpretazione culturale e nuovi atteggiamenti formativi e di conoscenza.

of experiencing the mountain territory without destroying it or trivializing the relationship that man has with the land itself: the idea of the enchanted mountains or that of tourism of early twentieth century can today be modified by the development of facilities, infrastructure and places for hospitality and modern residences, dedicating attention to the natural dimension of our land by applying urban politics that aim at quality and concentration of density, as opposed to dispersion. In this way we can guarantee the creation of those open spaces, the perception of territories whose value lies in their natural rather than falsified dimension, value that cannot be forged.

V.R. Is it possible to identify a model for sustainable development of tourism that is also scientific?
-

M.L. In order to sustainably develop tourism it needs to provoke curiosity for these territories, one needs to make people proud to know about the Dolomites, the same way how they feel when they visit art cities: we must take advantage of our innate sense of curiosity and search for culture, so that going to the Dolomites is an act of exploration, become a sort of merchandise for trade, or an subject of conversation.
This path can certainly involve the local stakeholders, which could invest in this aspect just as the cities of art invest in restaurants, typical products and above all the creation of a cultural route for the tourist: this can be done by means of marketing plans that develop not only the food and the reception of tourists, but also the landscape and its specialities such that the touristic activity becomes one based on experience, rather than on destination. The context of the Dolomites could become a territory to discover, a place to explore by means of routes and itineraries, aiming, in terms of promotion, less toward low cost and more toward high experience, and using models of development that aren't linked only to reception – food, wellness, hospitality - but also to creativity and invention, through cultural interpretation and the acquisition of knowledge.

DOLOMICITY
MODELLI DELL'ABITARE NELLA CITTÀ ALPINA DIFFUSA

DOLOMICITY
MODELS FOR LIVING IN THE DIFFUSED ALPINE CITY

Thomas Demetz

Architetto, Phd Student (Università di Genova), collaboratore alla ricerca e didattica, Università di Trento
Architetct, Phd Student (Genoa University), research and scholar collaborator, Trento University

Il sistema territoriale alpino è il risultato di una stratificazione complessa di elementi naturali, di usi e coperture del suolo, di matrici insediative diffuse, pervasive e con molte interrelazioni. L'articolazione dei modelli insediativi corrisponde in buona parte a quella delle diverse configurazioni morfologiche degli elementi naturali. L'intreccio delle connessioni di fondovalle si apre diramandosi sui rilievi, che di quei fondivalle costituiscono i margini. La semplice restituzione cartografica della rete stradale disegna un denso intreccio di relazioni tra elementi naturali ed umani. Le sequenze di luoghi, restituite dalla percorrenza lungo queste reti capillari, mostrano versanti boschivi, radure, pareti rocciose, malgheggi, e sono raramente prive dei segni di un antropizzazione che solca ampie scale temporali, da quelle storiche a quelle contemporanee.
La varietà delle aggregazioni dei manufatti si estende da singole unità rurali -che punteggiano il territorio- fino ad insediamenti più o meno estesi, più o meno densi, più o meno popolosi che hanno tuttavia sviluppato nella contemporaneità modelli di integrazione territoriale di reti minute o estese nel fondovalle e la pianura, tali da incidere in modo significativo e diversificato sulle dinamiche di sviluppo dei centri del sistema insediativo alpino. La diversità degli equilibri tra parti del sistema sono in buona parte il risultato delle regole introdotte a salvaguardia o a disimpegno della residenzialità alpina diffusa ed ha prodotto un'equivalente diversità dei modi dell'abitare il territorio.
Spopolamento o consolidamento del sistema insediativo diffuso costituiscono gli estremi di dinamiche in buona parte

The territorial alpine system comes as a result of a complex stratification of natural elements, of uses and consumption of the ground, of diffused and pervasive matrixes of settlement with their many interrelations. The articulation of these models of settlement corresponds in great part to the diverse morphological configurations of natural elements.
The intertwining roads in the valley spread and branch off across the territory, constituting the very borders of the valley itself. By simply tracing the road maps, we become aware of the dense weave of relationships between natural and synthetic elements. The sequence of places one finds along these capillaries are characterised by woods, clearings, cliffs and farms, and are rarely free of signs of human intervention through history.
The man-made aggregations vary from the single rural elements, that punctuate the territory, to more or less extended, dense and populated settlements which nevertheless contribute to the development of models of territorial integration of networks that spread from the valleys to the plain. These influence significantly and in a variety of ways the dynamics of development that regard the centres of the alpine communities. The diversities of balance that characterise these systems are in good part due to the introduction of rules for the safeguarding and disengagment of the diffused alpin housing, and as consequently produced an equivalent diversity in the ways of living on the territory. The desertion and the consolidation of the diffused model of settlement constitutes the extremes of

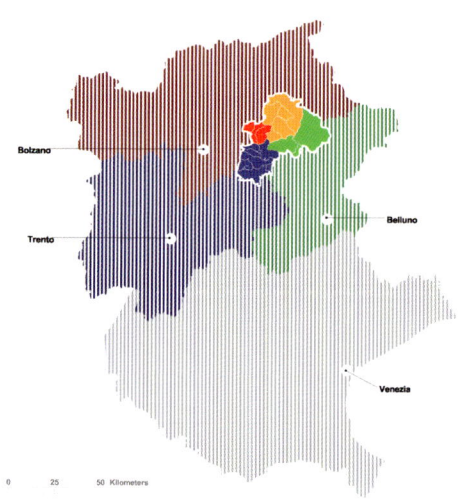

Sopra, area dolomitica ladina nel contesto triveneto.
A destra, immagine tridimensionale Dolomiti Unesco (fonte Unesco, DTM, Asterdem, Nasa, elaborazioni Thomas Demetz con Grass).

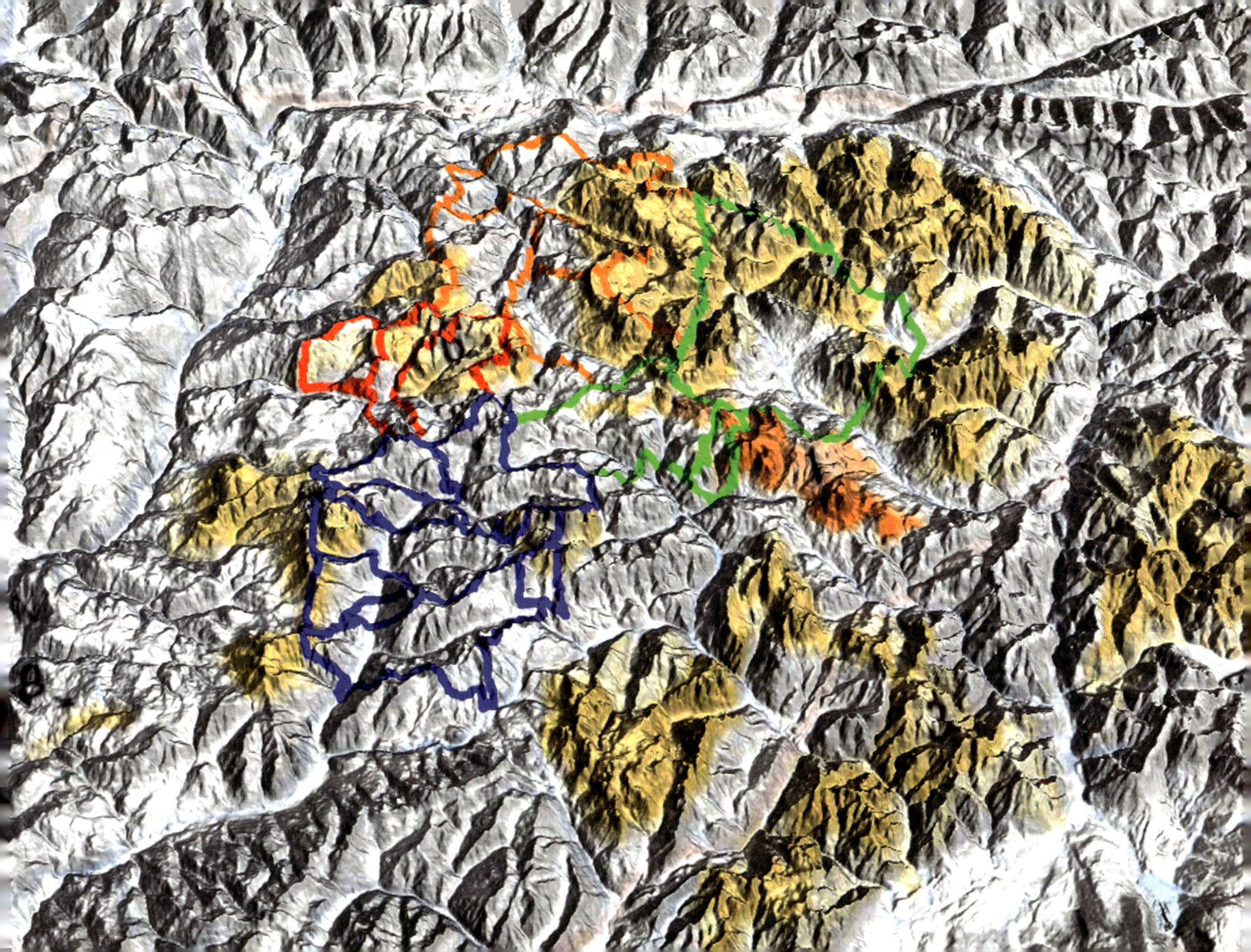

recenti, ma sono anche categorie che si misurano con una visione prevalentemente ancora industriale del territorio, prestazionale e soprattutto di tipo lineare. "Dolomicity" estrapola della città alpina diffusa un'area di circa 1200 kmq a cavallo delle provincie di Trento, Bolzano e della regione Veneto che comprende i territori dei comuni a forte prevalenza di uso dell'idioma ladino. La scelta di questo territorio non è casuale. Si tratta di un'area caratterizzata dalla condivisione di elementi comuni ed allo stesso tempo da una condizione amministrativa che ha prodotto trasformazioni del territorio, a tratti significativamente divergenti. Il confronto tra di essi e le modalità di relazione che si sono sviluppate, al proprio interno e in relazione all'esterno, costituiscono un paradigma e consentono l'elaborazione di una visione comparata capace di muovere possibili linee di azione strategiche tali da garantire uno sviluppo sostenibile ed allo stesso tempo la possibilità di un pieno dispiegamento delle possibili potenzialità.

Il sistema territoriale, fatto di valli laterali che penetrano profondamente nel territorio, disegna profili che salgono fino ai piedi dei principali complessi rocciosi. I tratti comuni consistono nelle caratteristiche orogenetiche del territorio, nel complesso dolomitico -che l'UNESCO ha dichiarato patrimonio dell'Umanità- e negli elementi organici dell'identità comune, la lingua ladina ancora ampiamente diffusa e testimonianza del radicamento "genetico" di persone, di usi, consuetudini nel territorio e delle attribuzioni di valore d'uso e simbolico che ne derivano.

Altro aspetto comune è il sistema economico, in buona parte concentrato sul turismo. Gli elementi di divisione sono riconducibili ai modelli amministrativi vigenti nelle tre provincie, Belluno, Trento e Bolzano, tra le quali "Dolomicity" è suddivisa. L'autonomia delle Province di Trento e Bolzano ha consentito l'introduzione, a partire dagli anni settanta, di misure a salvaguardia della residenzialità locale, disincentivando con forza fenomeni speculativi e contrastando quelle dinamiche di spopolamento che hanno caratterizzato a vario modo l'intero arco alpino. In particolare l'Alto Adige ha introdotto politiche e norme per il territorio, la casa e le infrastrutture che nelle aree a più forte vocazione turistica hanno contenuto la crescita delle seconde case, favorendo piuttosto meccanismi di ricaduta del reddito a favore delle popolazioni residenti, tramite lo sviluppo

the recent dynamics, but are also categories that represent an industrial vision of the territory, functional and linear. "Dolomicity" recovers about 1200km^2 of diffused alpine city between the provinces of Trento, Bolzano and the Veneto region, areas with a prevalent use of the Ladin language 1. This choice was not casual. The area in question is characterized by a homogeneity of common elements but, at the same time, is also subject to various tracks of development caused by diverse administrative conditions. The paradigm that emerges from comparing these and the relationships formed internally and externally, allow us to visualize the strategies that guarantee a sustainable development and, in parallel, the possibility to make full use of the potentials.

The territorial system, composed of lateral valleys that deeply penetrate the territory, generates a topography that rises to the level of the main rock formations. The common traits consist in the orogenic characteristics of the territory, the dolomite area –which UNESCO declared Patrimony of Humanity- the organic elements that distinguish the common identity, the Ladin language, still widely used and which stands as evidence of the "genetic" roots of the people, the customs and their symbolic value.

Another common aspect is the economic system, mainly based on tourism. The dividing elements can be traced back to the administrative models currently in act in the three provinces, Belluno, Trento and Bolzano, between which "Dolomicity" is divided. The independence of the Trento and Bolzano Provinces allowed, since the seventies, the introduction of measures to safeguard the local residents, launching incentives against speculation and contrasting the desertion that has affected in one way or another the whole alpine area. Alto Adige in particular has introduced policies and standards that regard the land, the housing and the infrastructures, which in the areas with the highest levels of tourism managed to contain the increasing phenomenon of second houses, favouring in alternative an increment in income for the residents by means of a local hotel sector. Overcoming the obstacles that characterized the question of housing in the rest of the country guaranteed full access to the common models of living also in the more suburban areas of the provincial territory. Similarly, it also put into motion the standard models

di una classe alberghiera prevalentemente locale. Superando quegli intoppi che avevano caratterizzato la questione della casa nel resto del Paese, ha garantito anche nelle aree più periferiche del territorio provinciale la piena accessibilità a modelli abitativi popolari. In modo simile ha agito anche il modello di pianificazione della provincia di Trento, anche se -fino a prima dell'introduzione della nuova legge urbanistica provinciale nel 2009- con minore consapevolezza verso il fenomeno delle seconde case. Il Veneto era invece, (precedentemente alla riforma del titolo quinto della Costituzione italiana nel 2004) condizionato da prassi e metodologie territoriali ed urbanistiche, nazionali, che pur a fronte di sforzi considerevoli non hanno tuttora saputo produrre una riforma organica e che non contemplano specifiche misure a salvaguardia di sistemi insediativi estremamente sensibili. In assenza di specifiche tutele la popolazione stanziale è stata in parte espulsa dal territorio di origine ed in parte sostituita dalla residenzialità turistica. L'accesso al mercato immobiliare privato infatti vede scarsamente competitive le aree del veneto, rispetto al settore della seconda casa. In parte il riordino degli ordinamenti urbanistici nelle provincie di Bolzano e Trento hanno introdotti specifici vincoli sulle modalità di cessione degli immobili residenziali, di fatto stralciando i limiti temporali di convenzione (inesistenti in Trentino prima del 2008 e limitati a vent'anni in provincia di Bolzano). Il quadro che emerge in generale da ricerche condotte su questi territori, oltre ai fenomeni di spopolamento e "desertificazione" umana, dove si arriva ad

of planning in the Trento province still, however, before the introduction of the new laws for provincial urbanism in 2009, with less consideration of the phenomenon of second houses. Veneto, on the other hand, before the reform of the fifth title of the Italian Constitution in 2004, was influenced by national procedures and methods of urbanism that, notwithstanding their considerable dedication, have still not managed to produce an organic reform and fail to contemplate specific measures for safeguarding extremely sensitive systems of human settlement. In the absence of explicit protection, the population has been in part expulsed from its land of origin, and in part substituted by a new population of tourists. In fact, Veneto is found to be scarcely competitive in the private real estate market in comparison to the second house market. In part, the reorganization of the urban planning regulations in Trento and Bolzano has introduced specific limitations regarding the transfer of residential property, cutting the conventional time limits, inexistent in Trentino before 2008 and limited to twenty years in the Bolzano province. The picture that emerges from researching these territories, other than that of desertion of the population such that per resident one has three tourist sleeping spaces, is that of a system with a low level of complexity. On one side we have the great distances from the main nodes and territorial hubs, on the other the high concentration of the population in a small number of well interconnected economic compartments. The low density that characterizes these extended systems makes "Dolomicity" extremely sensitive to

avere da due a tre posti letto turistici per residente, è quello di sistemi a bassa complessità. Da una parte la distanza da principali nodi e hub territoriali, dall'altra la forte concentrazione della popolazione in un numero limitato di comparti economici tra di loro in buona parte interconnessi. La bassa densità di sistemi estesi, rende "Dolomicity" estremamente sensibile alle diverse pressioni che la società globale è capace di produrre, dalle dinamiche recessive, alle mode, fino alle possibili distorsioni prodotte da modelli culturali generalizzanti. In questo senso l'edilizia alberghiera, che negli ultimi anni ha esibito un'intensa fase di crescita volumetrica, diventa la cifra di un'identità condizionata dallo sguardo dell'utente turistico su territori ed insediamenti. L'architettura del quotidiano, si proietta verso una edificazione piena di aspettative simboliche che il più delle volte fanno riferimento ad un linguaggio compositivo fortemente caratterizzato dalla superfetazione, dalla ostentazione, dalla ridondanza di elementi tipologici attribuibili ad una falsa tradizione del costruire, mai esistita nelle forme proposte. Torrette, bow window, propilei, colonnati reali o dipinti, trompe l'oeil sono solo alcuni dei segni di cui le recenti ristrutturazioni alberghiere sono state adornate a profusione, credendo con ciò di reiterare un patrimonio storico, risultato di una distorsione postmodernista degli ultimi due decenni. Preoccupante è l'accelerazione che quest'euforia ha subito negli ultimi anni. Falsi castelli, fronteggiati da giganteschi

the various pressures produced by the global society, from the dynamics of recession, to trends, to the possible distortions caused by generalized cultural models. From this point of view, the hotel sector and its structures, that in the past years have experienced an intense volumetric growth, become the code for an identity conditioned by the way in which the tourists' eyes observe the land. The common architecture therefore becomes filled with symbolic expectations that often make reference to a design strongly distinguished by stratification, by ostentation and by an excess of typological elements characterized by a fictitious architectural tradition that has never really existed. Towers, bow windows, propilei, royal or painted colonnades and trompe l'oeil are just some of the signs that the recently restructured hotels have been decorated to excess, and as a result of the post-modernist distortion witnessed in the past years, believe to be reiterating a historical patrimony. The recent acceleration of this euphoria is worrying. Fake castles opposite gigantic garages are invading the land, unknowingly transforming it into a theme park, into a sequence of buildings randomly distributed that put at risk the identity of the place and of the people. This has given place to a new type of monumentality that has filtered its way into public and residential buildings, becoming the scenery of an unrealistic way of living. The paradoxal effect is that of a territory stripped of its identity and modified on the basis of global

garage, stanno invadendo il nostro territorio, trasformandolo, inconsapevolmente, in una sorta di parco dei divertimenti, una sequenza edilizia distribuita a pioggia e che appunto mette a rischio le identità dei luoghi e delle persone. In questo modo si è data origine ad una nuova modalità del monumentale, del rappresentativo che a cascata trova poi anche nell'edilizia pubblica ed in quella residenziale una espressione della messa in scena e non dei reali modi dell'abitare. L'effetto, paradossale, è un territorio deterritorializzato, modificato sulla base di aspettative d'uso alimentate da modelli globali-locali che si rigenerano in circuiti di continua autoreferenzialità e con i "linguaggi" riduttivi della promozione turistica e non già nella ridefinizione del rapporto con il paesaggio. Il paesaggio, nell'orizzonte delle trasformazioni, diventa il soggetto di attribuzioni di valore che si rifanno ad un amalgama di differenti componenti, molte delle quali fortemente arbitrarie. False estetiche ed identità presunte informano il rapporto degli osservatori con il paesaggio. Il riconoscimento paesaggistico del territorio si esplica in questo quadro tramite modelli indeterminati, atopici, che a loro volta si riflettono sulle modalità di trasformazioni che avvengono nella città alpina diffusa, intesa però fino ad ora come insieme di parti di territori. Serve, al contrario, un modello di approccio che affronti il tema dell'abitare nelle Alpi in generale concentrandosi sullo spazio, quale realtà fenomenica, con l'intenzione di gettare le basi per un ripensamento estensivo del ruolo del paesaggio, ampliando la consapevolezza nelle azioni singolari e nel riconoscimento dei futuri territoriali. Chiamo questa specifica realtà fenomenica metrolandscapepolis, un sistema insediativo articolato e diffuso e dove il paesaggio costituisca il connettivo e l'infrastruttura primordiale. "Dolomicity" ne è una parte significativa perché esibisce a varia scala d'intensità l'insieme delle condizioni di rischio ed esplicita le incognite significative per l'elaborazione di modelli di costruzione di futuri possibili in area alpina.

or local models of use that are generated and regenerated within a continuous and self-referential circuit, and whose reductive approach is aimed at touristic promotion, rather than the redefinition of the relationship with the landscape. The landscape, in view of transformation, therefore acquires values that often refer to a combination of components, many of which are heavily arbitrary. False aesthetics and alleged identities influence the relationship between the observer and the landscape. In this light, the identity of the landscape is represented by indeterminate and atopic models, that in turn influence the modalities of transformation adopted in the diffused alpine city, until now assumed to be a system of smaller territorial portions.
What is believed to be needed, however, is a model of approach that confronts the topic of living in the Alps, and concentrates on the elements of space with the intention of setting the foundations for an extensive review of the role of the landscape, applying this knowledge to individual actions and to the recognition of the territories of the future. I will call this specific phenomenon metrolandscapepolis, an articulated and diffused system in which the landscape connects and acts as the primary infrastructure. "Dolomicity" constitutes a considerable part of this, as it represents on various levels the conditions of risk and explicates the significant unknowns in the elaboration of models for constructing the possible futures of the alpine area.

Il criterio, per quanto banale seguito nel disegno del perimetro di Dolomicity è basato sull'aggregazione volontaria delle amministrazioni comunali. "Density is the quantity and the quality of simultaneous and/or mixed space(s) – und use(s) – available per person." The Metapolis dictionary of advanced architecture, Actar, Barcellona.

DOLOMITI NELL'IMMAGINARIO COLLETTIVO E FIGURATIVO
THE DOLOMITES IN THE COLLECTIVE AND FIGURATIVE IMAGINARY

Alessandro Franceschini
—
Architetto, Phd e professore incaricato all'Università di Trento
Architect, Phd and invited professor of University of Trento

La storia delle Dolomiti inizia, con tutta probabilità, con lo stupore. È stato questo stato d'animo, in bilico tra un processo di comprensione ed uno di creazione, a caratterizzare l'approccio antropico a questo fenomeno naturale e successivamente sfociato nella ricerca del «sublime». Prima ancora dei viaggi che Gratet de Dolomieu intraprese, fra il 1789 e il 1790, fra i monti del Tirolo, scrittori, filosofi, artisti e contemplatori si erano interrogati sulla grande forza di attrazione emozionale del paesaggio dolomitico, e più in generale, di quello montano. In precedenza, a parte il grande Omero che aveva definito le montagne «i mostruosi fardelli della terra», e dal Petrarca che ne parla ampiamente nella sua celebre descrizione di un escursione sul Monte Ventoso, il tema della montagna era stato quello, inconoscibile, dei «luoghi elevati». Durante il Rinascimento qualcosa cambia. È Leonardo da Vinci il primo a mostrare uno spiccato interesse teorico per le montagne: le va ad esplorare di persona, facendosi, in un certo senso, alpinista e ricostruendo poi con il disegno la dimensione contemplativa nell'orizzonte di molte opere. Scriveva delle cose meravigliose che chiunque «vedrà come vid'io, chi andrà sopra Momboso, giogo dell'Alpi che dividono la Francia dalla Italia, la qual montagna ha la sua base che partorisce li quattro fiumi, che rigan per quattro aspetti contrari tutta l'Europa: e nessuna montagna ha la sua base in simile altezza». Anche il poeta del XIV secolo Osvaldo di Wolkenstein scrisse alcune liriche con dei chiari riferimenti al paesaggio dolomitico: «Svanita è ogni pena nel mio cuore | dacchè corre voce che anche la | neve si

The history of the Dolomites, most probably, begins with astonishment. Is was this mood, hovering between a process of comprehension and one of creation, that characterized the anthropic approach to this natural phenomenon leading to the search for the "sublime". Long before Gratet de Dolomieu's travels through the Tyrolean Alps, between 1789 and 1790, writers, philosophers, artists and thinkers interrogated themselves regarding the great force of emotional attraction of the dolomitic landscape and the mountains in general. Previously, apart from the great Omero who defined the mountains as "the monstrous mound of earth", and Petrarca who spoke about them in his famous description of an excursion on Mount Ventoso, the theme of the mountains was that of the "elevated places". However, something changed during the Renaissance. It was Leonardo da Vinci to be one of the first to show striking theoretic interest in the mountains: he went to explore them personally, training himself to be, in a certain sense, an alpinist and subsequently reconstructing the contemplative dimension of many of his works through drawing. He also wrote some marvellous passages, like "vedrà come vid'io, chi andrà sopra Momboso, giogo dell'Alpi che dividono la Francia dalla Italia, la qual montagna ha la sua base che partorisce li quattro fiumi, che rigan per quattro aspetti contrari tutta l'Europa: e nessuna montagna ha la sua base in simile altezza"[1]. Even some of the operas by the 14th Century poet Osvaldo di Wolkenstein have some clear references to the dolomitic landscape: "Vanished is every sorrow in my

---

1 - "whoever goes where I have been, who climbs the Momboso, yoke of the Alps that divides France from Italy, whose mountain's base gives birth to four rivers, which divide Europe into four parts: and no mountain has a similarly high base."

è sciolta | e dall'Alpe di Siusi scorre a valle. | Gonfia di umori è la terra | e i torrenti in piena | si riversano da Kastelruth | nell'Isarco: | di gioia s'empie il mio animo! | Nei boschi di Hauenstein | odo gli uccelli cantare a gola | spiegata | le loro melodie e nella valle | risuonano | le pure note di mille voci soavi: | dal do al la giù sino al fa: | rallegratevi con me, amici diletti!». Emerge, in questi versi, il connubio tra lo stato emozionale del poeta e i riferimenti al paesaggio circostante, che diventa luogo della contemplazione e fonte di ispirazione.

Josua Simler, nel 1576, con le sue splendide descrizioni alpine era attratto da «quella immensa mole, spinta così in alto, e lì da tanti secoli senza cedere e svanire» da farlo affermare che «chi non si chiederebbe con stupore su quali fondamenta possa

heart|since I hear that also there | the snow has melted |and from the Alps of Siusi runs to the valley. |Full of feeling is the earth | and the brooks that are full | reserves from Kastelruth | in the Isar: | joy fills my soul! | In the woods of Hauenstein |I hear the birds sing at the top of their voices | explained | their melodies in the valley | they resound | the pure notes of a thousand sweet voices: | from do to la down to fa: | be joyous with me my pleasant friends!" What emerges from these lyrics is the relationship between the emotional state of the poet and the references to the surrounding landscape, which becomes a place of contemplation and source of inspiration.

Josua Simler, in 1576, with his splendid description of the Alps, was so attracted by "that immense mass, pushed so high up,

Turisti con guida alpina davanti all'ospizio del Passo Gardena.

poggiare un simile peso?». Simler scriveva che «la sublimità dei monti merita la nostra più devota contemplazione», poiché in essi, se li si osserva nei particolari, «lo sguardo ti penetra di meraviglia e vi troverai un gran numero di cose eccelse e singolari». Konrad Gesner, in una lettera manoscritta di pochi decenni prima, nel 1541, aveva affermato: «io dichiaro nemico della natura chiunque non giudichi le alte montagne degne di una lunga contemplazione. Certamente le parti più elevate sembrano essere al di là delle condizioni ordinarie e sfuggono alle nostre intemperie, come se facessero parte di un altro mondo». Albrecht von Haller, medico, naturalista e poeta di Berna compose, nel 1792, un famoso poema (Le Alpi) dove descrive con grande efficacia il contesto alpino: «La Natura ha cosparso di rocce il tuo aspro terreno | solo il tuo aratro riesce a penetrarlo, procacciandosi il raccolto. | Essa ha innalzato la Alpi per proteggerti dal mondo | giacchè gli uomini stessi sono la più grave calamità. | La tua bevanda è l'acqua pura del torrente, il latte il cibo più prelibato, | ma fame e brama rendono gustose anche le ghiande. | Le miniere nelle viscere della montagna ti danno solo ferro tintinnante, | come vorrebbe il Perù non essere

and there for so many centuries without falling or vanishing" that he wondered "who wouldn't ask themself with amazement on what foundations could such a weight be based on?". Simler wrote that "the sublimity of the mountains deserves our most devoted contemplation," because, if observed in detail, "the vision penetrates you with marvel and you will find a great number of excellent and extraordinary things". Konrad Gesner, in a handwritten letter some decades before, in 1541, wrote: "I declare enemy of nature anyone who does not believe the high mountains to be worthy of long contemplation. Of course the highest parts seem to go beyond ordinary conditions and escape our bad weather conditions, as though they belonged to another world". Albrecht von Haller, doctor, naturalist and poet from Bern, in 1792 composed the famous poem (The Alps) in which he described the alpine context with great efficiency: "Nature has sprinkled rocks over your rough land | only your plough can penetrate it, obtaining the harvest. | This lifted the Alps to protect you from the world | as man himself is the most grave of calamities. | Your drink is the pure water of the brook, milk is your most delicious food, | but hunger and desire make

Da sinistra a destra:
Anton Mahringer, Monte cristallo con lago di Düren, 1948, olio su tela;
Fortunato Depero, Prospettiva alpestre (particolare), 1920, carboncino su cartone;
Leonardo Da Vinci, Colline ondulate e picchi rocciosi dei monti, 1506, sanguigna su carta.

povero come te! | Là dove regna la libertà, più lievi appaiono gli stenti. | Le rocce stesse si coprono di fiori e mite è la borea». Dalla lettura di queste prime liriche e frammenti descrittivi, appare evidente come la ricerca del sublime è lo stato d'animo ricorrente in chi cerca un dialogo emozionale con il contesto alpino. Non a caso Edmund Burke, giurista di Dublino, lavorò alla definizione del concetto di sublime, definendolo come «tutto ciò che in qualche modo è atto a suscitare le idee di dolore e pericolo, vale a dire tutto ciò che è in qualche modo terrificante o connesso a oggetti terrificanti o provoca effetti simili al terrore, è fonte del sublime: il sentimento in grado di suscitare l'emozione più frte che l'animo è in grado di provare». Gli fa eco Immanuel Kant quando scrive: "Rocce audacemente a strapiombo, quasi minacciose, nuvole di tempesta che si ammassano nel cielo, provocando fulmini e schianti, i vulcani con la loro forza distruttiva, gli uragani e le devastazioni che si lasciano dietro, l'oceano sconfinato in tempesta, l'alta cascata di un fiume e via dicendo… Ma la vista di queste cose diventa tanto più affascinante quanto più spaventosa, se ci troviamo al sicuro; e noi definiamo sublimi questi oggetti, in quanto essi elevano la forza d'animo dalla sua medietà, e ci fanno scoprire in noi una facoltà di resistenza di tutt'altra natura, che ci dà l'audacia di misurarci con l'apparente onnipotenza della natura". Georg Simmel, in un saggio dedicato alle Alpi, nel 1892, fu uno dei primi a dare consapevolmente alle montagne una voce lirica, dando spessore e respiro mondiale a quelle emozioni che per millenni erano rimaste racchiuse nell'animo degli abitanti delle vallate sottostanti. Scriveva: «Quando, come nelle Alpi, le forme vengono messe insieme del tutto casualmente, senza che vi sia una linea globale che le unisca, anche la singola linea non troverebbe la sua collocazione nel complesso e rimarrebbe quindi isolata, se non fosse avvertibile la massa della materia che si stende uniforme sotto le cime e trasforma il loro isolamento insensato in un corpo unitario» (Simmel, 2006). Jean Jacques Rousseau descrive l'effetto catartico dell'alta montagna in un celebre frammento de La Nouvelle Héloïse: «Volevo seguire i miei pensieri, ma ero continuamente distolto da una veduta inaspettata. Ora smisurate rocce dirupate pendevano sopra il mio capo; ora un acquazzone mi avvolgeva scrosciando in una nebbia; ora un torrente perenne apriva di fianco a me un abisso di cui l'occhio non osava misurare le profondità. Talvolta

even acorns tasty.| The mines in the mountains' guts only give you clinking iron, | wouldn't Peru like not to be as poor as you! | There where freedom reigns, efforts seem lighter. | The rocks themselves become covered in flowers and mild is the wind". From these first lyrics and fragments of description, it seems evident that there is a reoccurring search for the sublime by those who look for an emotional dialogue with the Alps. It is not a coincidence that Edmund Burke, a jurist from Dublin, worked on the definition of the concept of "sublime", defining that "everything that in some way provokes ideas of pain and danger, that is, everything that is in some way terrifying or linked to terrifying objects or that provokes effects similar to terror, are sublime: it is a feeling that arouses the strongest emotions that the soul is able to feel". This is echoed by Immanuel Kant when he writes: "Rocks courageously vertical, almost threatening, storm clouds that amass in the sky, provoking lightning and thunder, the volcanoes with their destructive force, the hurricanes and the devastation they leave behind, the ocean that encounters the storm, the high waterfall of a river, and so on… But the view of these things becomes more fascinating than frightening if we are safe; and we define these as sublime, as they heighten the strength of the soul from its "average", and they cause us to discover a completely different capability of resistance, which gives us the courage to measure ourselves up to the apparent almightiness of nature."
Georg Simmel, in a essay dedicated to the Alps in 1892, was of the first to knowingly give an operatic voice to the mountains, giving weight and international notoriety to those emotions that for millenniums were left trapped in the souls of the inhabitants of the valleys. He wrote, "When, like in the case of the Alps, forms come together completely casually, without a common line which unites them, even the single line wouldn't find its place within the complexity and so would remain isolated if the mass of material that extends uniformly below the peaks and transforms their isolation into a single body went unfelt." (Simmel, 2006). Jean Jacques Rousseau describes the cathartic effect of the mountains in a renowned fragment of La Nouvelle Héloise: "I wanted to focus on my thoughts, but I was constantly distracted by an unexpected view. One moment enormous rocks hung above my head; the next heavy showers came down on me, surrounding me with mist; then an abyss, carved

mi perdevo nell'oscurità di una fitta foresta, talvolta, quando uscivo dalla voragine, una amena radura ristorava all'improvviso il mio sguardo. Uno stupefacente miscuglio di natura selvaggia ed addomesticata mostrava ovunque l'intervento della mano dell'uomo, là dove non si sarebbe mai creduto che qualcuno avesse avuto l'ardire di addentrarsi…». Mentre Carl Gustav Carus, medico naturalista e pittore, vissuto nella prima metà dell'Ottocento, descriveva in maniera quasi spirituale l'arrivo sui monti: «Giungiamo in cima ai monti, contempliamo le lunghe distese dei colli, osserviamo lo scorrere dei fiumi e tutte le meraviglie che si offrono al nostra sguardo, e quale sentimento che ci pervade? Un quieto raccoglimento in noi stessi, la sensazione di perderci in una spazio infinito; la nostra coscienza sperimenta una pacata purificazione e una catarsi, il nostro io scompare, non siamo nulla, Dio è tutto».
Nell'estate 1861 i turisti inglesi Josiah Gilbert e George Churchill, un pittore e un naturalista, pubblicarono a Londra il resoconto dei loro viaggi col titolo The Dolomite mountains che contribuì a diffondere il nome di "Dolomiti" in tutto il mondo, anche in Italia. Raccontavano: «che attorno in ogni direzione si ergono le paurose vette delle Dolomiti. (..) Non lontano, attraverso una gola che si apre ad est si vedono le forme di tre colonne frantumate, le Tre Cime, e non conosciamo nessuna montagna più strana di questa». Contemporaneamente lo scrittore e viaggiatore tedesco Schmid Hermann, descriveva le Dolomiti paragonandole ad opere architettoniche. Scriveva: «ai nostri occhi attoniti si offrono qui le forme più varie e bizzarre. Ora sono le vette e cime torreggianti che si ergono sino a 10.000 piedi, e con la loro struttura grottesca con ornamenti e capitelli si stili architettonici eterogenei, con le loro punte ricordano in particolare il gotico. Altre volte ci appaiono come possenti manieri o rovine di castelli giganteschi con balconi e fabbricati annessi dei più diversi tipi; o ancora si offrono allo sguardo come cappelle arcaiche, ma anche come logge che si innalzano sino alle nuvole. La fantasia può sbizzarrirsi ampiamente con le forme di questi colossi di roccia.
Così, alla fine dell'Ottocento le Dolomiti, per secoli oggetto di tentativi di lettura estetica, furono oggetto di una sovrascrittura 'culturale' che ne mutò definitivamente il destino e la storia fornendone l'immagine che esse assumono, oggi, ai nostri occhi. Recenti studi (Wedekind e Ambrosi, 2007, ma anche

out by a perpetual stream, whose depth the eye dares not measure. Sometimes I got lost in the darkness of a thick forest, sometimes I came out of the chasm and a beautiful clearing suddenly restored my sight. A stupefying mix of wild and tamed nature showed everywhere the intervention of man, in places I would never have believed someone to have the courage to venture….". Meanwhile, Carl Gustav Carus, naturalist doctor and painter who lived in the first half of the nineteenth century, described in an almost spiritual way his arrival to the mountains: "We reach the peaks of the mountains, we contemplate the long stretch of hills, we observe the running of the rivers and all the marvels offered to our eyes, and what feelings pervade us? A quiet gathering of ourselves, the sensation of losing ourselves in an infinite space; our conscience experiments a calm purification and catharsis, we disappear, we are nothing, God is everything."
In the summer of 1861, British tourists Josiah Gilbert and George Churchill, a painter and a naturalist, published in London an account of their travels with the title The Dolomite Mountains which contributed to spreading the name of the "Dolomites" around the world, even in Italy. They wrote that: "around, in every direction one found the frightening peaks of the Dolomites. (..) Not far, across a gorge that opens toward the east one can see the shape of three shattered pillars, the Tre Cime, and we know no mountain stranger than this one."
At the same time, the German writer and traveller Schmid Hermann described the Dolomites comparing them to works of architecture. He wrote: "To our astonished eyes are offered the most diverse and bizarre shapes. We now have summits and towering peaks that stand up to 10,000 feet tall, with their grotesque structures, with ornaments and capitals of heterogeneous architectonic styles, and with spikes that look particularly gothic. In other moments they look like great manors or ruins of gigantic castles with balconies and other elements of various types; or they could seem like archaic chapels, but also like lodges that reach up to the clouds. The fantasies can become quite bizarre when faced with the shapes of these colossal rocks."
And so, toward the end of the nineteenth century, the Dolomites that for many years remained objects of attempted aesthetic interpretation, became objects of a 'cultural' overwriting

Joutard, 1986) hanno suggerito come l'«immagine delle Dolomiti» sia il frutto di una proiezione di valori culturali e sociali di origine borghese, provenienti dalla cultura, anche estetica, ottocentesca anglosassone e francese. Tanto da poter affermare che le Dolomiti furono un'«invenzione» della borghesia del XIX secolo così come l'industria, la tecnica e la democrazia. Le Dolomiti, infatti, fino a quel momento erano definite «terra improduttiva»: ovvero terra sulla quale non si poteva abitare né era possibile coltivare, ed erano osservate come «territorio del nulla» o meglio dell'orrore. L'attenzione degli intellettuali promosse, in tempi molto stretti, una curiosità diffusa per quei luoghi e per quello spazio impervio, facendo diventare quella terra improduttiva, un autentico motore economico che progressivamente prese il posto della, sia pur povera, millenaria economia preesistente (Corbin, 1990). Il resto è storia nota e recente: sull'onda di un turismo sempre più diffuso, le Dolomiti sono state universalmente riconosciute come Patrimonio Unesco dell'Umanità. Un percorso di elaborazione culturale collettiva durato secoli, iniziato con le solitarie contemplazioni degli intellettuali e culminato con un riconoscimento universale. Un giudizio estetico che abbraccia idealmente tutti gli abitanti del mondo e che suggerisce molte informazioni sul mutamento, nel corso della storia, della dialettica conoscitiva tra uomo e natura.

which permanently changed their destiny and history, forming the image that we today have in our minds. Recent studies (Wedekind and Ambrosi, 2007, and Joutard, 1986) suggested that the "image of the Dolomites" was the result of the projection of cultural and social values of bourgeois origin, that came from both Anglo-Saxon and French nineteenth century culture and aesthetics. It goes as far are saying that the Dolomites were an "invention" of the nineteenth century bourgeoisie, just like industry, technology and democracy. In fact, the Dolomites until then where defined as "unproductive land": that is, land on which one could neither live nor cultivate, and they were thought of as a "land of nothing", or better yet, land of horror. The attention given by intellectuals promoted, in a very short time, a diffused curiosity for those places and for that impervious space, turning the unproductive land into an authentic economic motor that progressively took the place of the, however poor, pre-existing long-standing economy (Corbin, 1990).

The rest is recent and known history: on the crest of an ever more diffused tourism, the Dolomites have been universally recognised by the Unesco World Heritage. This comes after a series of collective cultural elaborations that took centuries, starting with the solitary contemplations of intellectuals and climaxing with universal recognition. It is an aesthetic judgement that perfectly embraces all the citizens of the world and offers much to learn about the historical evolution of the cognitive dialectics between nature and man.

Sopra, Giovanni Segantini, Mezzogiorno nelle Alpi, 1891, olio su tela

A sinistra, Cesarina Seppi, Autoritratto, 1939, tempera e olio su tela

QUALE ARCHITETTURA PER LE DOLOMITI
WHICH ARCHITECTURE FOR THE DOLOMITES

Alberto Winterle
—
Architetto e collaboratore alla didattica, Università di Trento
Architect and scholar collaborator, University of Trento

"Baue nicht malerisch. Überlasse solche wirkung den mauern, den bergen und der sonne. Der mensch, der sich malerisch kleidet, ist nicht malerisch, sondern ein hanswurst. Der bauer kleidet sich nicht malerisch. Aber er ist es. Baue so gut als du kannst. Nicht besser. Überhebe dich nicht. Und nicht schlechter. Drücke dich nicht absichtlich auf ein niedriges niveau herab, als auf das du durch deine geburt und erziehung gestellt wurdest. Auch wenn du in die berge gehst. Sprich mit den bauern in deiner sprache. Der wiener advokat, der im steinklopfersteindialekt mit dem bauer spricht, hat vertilgt zu werden.
Achte auf die formen, in denen der bauer baut. Denn sie sind der urväterweisheit geronnene substanz. Aber suche den grund der form auf. Haben die fortschritte der technik es möglich gemacht, die form zu verbessern, so ist immer diese verbesserung zu verwenden. Der dreschflegel wird von der dreschmaschine abgelöst. …. Sei wahr! Die natur hält nur mit der wahrheit…."

Adolf Loos, Ins Leere gesprochen / Trotzdem, Wien, Herold Verlag, 1962

Basterebbero queste poche frasi contenute nel saggio "Regole per chi costruisce in montagna" che Adolf Loos ha scritto nel 1913, per spiegare in modo sufficientemente esaustivo quale architettura debba essere perseguita per l'ambiente montano. Vi è espresso infatti un concetto basilare: chi costruisce in un contesto ambientale particolare e fragile, come ad esempio quello dolomitico, deve comprendere l'essenza della tradizione costruttiva e tradurla, con gli strumenti che la contemporaneità gli offre, in architettura. "Sii vero!" Ciò che Loos non aveva previsto, o forse non poteva prevedere essendo troppo "puro", è la commercializzazione dello stereotipo dell'architettura tradizionale a fini turistici, e per creare di fatto una nuova falsa identità costruttiva, avvenuta negli ultimi decenni. Seguendo una domanda molto elementare, le Dolomiti sono state invase da una numerosa quantità di finte "case di Heidi" e finti castelli di fate, sempre più barocchi e colorati. Modelli indistintamente utilizzati per le funzioni più varie, dalle case per vacanza ai capannoni artigianali, dagli Hotel fino agli edifici pubblici e amministrativi. Nell'ultimo decennio si è di fatto registrata un'involuzione dell'edilizia comune dovuta non solo ad un appiattimento del gusto popolare su falsi modelli costruttivi, ma addirittura condizionata da norme ed indicazioni che numerose amministrazioni hanno introdotto per tutelare una famigerata "tradizione". Ciò è dovuto principalmente alla scarsa cultura architettonica di chi opera, anche se in buona fede, nell'ambito montano, ma anche dal fatto che si è preferito assecondare una domanda turistica facile e commercialmente sicura piuttosto che individuare un percorso più coerente e rigoroso.

Pur essendo accomunata da condizioni ambientali comuni, l'architettura tradizionale delle Dolomiti si distingue da quella dell'arco alpino attraverso alcune peculiarità tecniche e stilistiche. Addirittura anche all'interno del paesaggio dolomitico sono evidenti le differenze dovute semplicemente alle diverse condizioni fisiche di una singola valle. L'orientamento e la pendenza dei versanti hanno stimolato infatti sistemi insediativi e metodi costruttivi differenti. Le "Viles" della Val Badia costituiscono un particolare esempio, infatti oltre alle caratteristiche costruttive dei singoli edifici è interessante leggere il rapporto urbano tra le singole unità ed il disegno degli spazi aperti che definiscono di fatto una piccola comunità autonoma. Il rapporto con il territorio e le modalità

All one needs is these few words taken from Adolf Loos' 1913 "Rules for building in the mountain" to fully explain what kind of architecture we should be aiming to build in the mountains. What he expresses is actually quite basic: those who build in particular and fragile environmental contexts like that of the Dolomites should aim to understand the essence of the traditional ways of building and translate them, using the instruments that modernity has to offer, into architecture. "Be true!" What Loos hadn't foreseen, or maybe he couldn't as he was simply too 'pure', is the commercialization of the stereotypical architecture for touristic purposes and for creating a new false constructive identity, that has been experienced in the past decades. Following on from a very elementary demand, the Dolomites have been invaded by a numerous quantity of "Heidi houses" and fake fairy castles, ever more baroque and colourful. These models have indistinctively been used for a great variety of functions, from the holiday house to warehouses, from hotels to public and administrative buildings. In the last decade we have experienced an involution of common building owed not only to a flattening of the popular taste for construction models, but is even conditioned by the norms and indications that numerous administrations have introduced to protect this notorious "tradition". This is mainly due to the sparse architectural culture of who operates, although in good faith, in the mountain context, and to the fact that is has been preferable to back an easy and commercially secure demand for tourism, rather than finding a more coherent and rigorous path. Although adapted to common environmental conditions, the traditional architecture of the Dolomites is distinguished from that of the rest of the Alps by some of its technical and stylistic peculiarities. Even within the dolomite landscape there is evidence of differences caused simply by the diverse physical conditions of the single valleys. The orientation and the inclination of the valleys have actually stimulated different settlement systems and methods of construction. The 'Viles' in Val Badia are a particular example, and other than the physical characteristics of the single buildings, it is also interesting to read the urban relationship between the single units and the design of the open spaces that define in fact a small autonomous community. The relationship with the territory and the modalities of settlement are in fact the

insediative sono infatti la principale "lezione" che la tradizione ci ha lasciato. Non a caso i nuclei alpini originari sono localizzati sui conoidi e sui pendii di un solo lato della valle, quello più esposto al sole, e non nel fondo valle, in posizione riparata rispetto alle possibili esondazioni dei fiumi o alle valanghe che scendono nei canaloni. La posizione scelta assicura un insolazione difficilmente ottenibile altrove. Le costruzioni in pietra o in legno sono "essenziali". I materiali e le forme hanno una precisa funzione, come la pendenza del tetto per far scorrere l'acqua e mantenere la neve, ma sono comunque ridotte ad un minimo essenziale senza sprechi ed eccessi. Questo secolare equilibrio tra paesaggio naturale ed ambiente antropizzato, conservato da un isolamento sociale e culturale, è stato però compromesso con l'introduzione di nuove attività non più legate al solo sfruttamento agricolo del territorio. Pur introducendo una ineluttabile novità, alla fine dell'Ottocento, gli albori del turismo sono stati caratterizzati da un'onesta volontà di cambiamento e sviluppo. Ciò ha portato ad un lento abbandono dell'attività contadina in favore di un sempre più incalzante attività turistica, avvenuta però nelle prime sue fasi in modo rispettoso dell'ambiente. La strada delle Dolomiti è stata pensata e progettata non solamente per avvicinare due luoghi ma avendo come fine la percezione, anche scenografica, che il turista doveva avere del paesaggio che stava attraversando. Il progresso, identificato dalla macchina e dalle nuove strade, si confrontava in modo intelligente con il contesto. La galleria scavata nella montagna lasciava affiorare le spigolosità e la materia proprie della montagna. Allo stesso modo i grandi alberghi avevano un respiro "internazionale". Le grandi strutture di modello Austroungarico, come il Grand Hotel Karersee al passo Carezza, erano il meglio che la ricerca architettonica contemporanea potesse offrire. Non a caso l'Hotel fu inaugurato nel 1896 contemporaneamente all'apertura della strada della Val d'Ega, primo tratto della "Dolomitenstrasse", la strada delle Dolomiti, come esempio e traino allo sviluppo turistico di tutta le regione. La diffusione delle attività turistiche avvenuta, in modo più sostanziale, nel primo dopoguerra ha di fatto scardinato l'equilibrio di una società contadina che durava da secoli. Non sono però rari gli esempi "colti" di nuova architettura anche turistica come lo Sporthotel Monte Pana (1935) in Val Gardena o lo

main 'lesson' that tradition has left us. It is not casual that the original alpine nuclei are located on the conoids and slopes of only one side of the valley, the one most exposed to the sun, and on the valley floor, in a place sheltered from possible flooding or avalanches that come down from the mountains. This chosen position assures an isolation difficultly obtainable elsewhere. The construction in stone and wood are 'essential'. The materials and forms have a precise function, such as the inclination of the roof that allows water to drain and the snow to accumulate, but they have still been kept to a minimum in order to avoid waste and excess. This age-old balance between the natural and built environment, conserved by the social and cultural isolation, has, however, been compromised by the introduction of new activities that are no longer linked to the sole agricultural exploitation of the territory. Although it introduced an inescapable novelty, at the end of the nineteenth century, the dawn of tourism was characterized by a sincere will to bring changes and development. This led to a slow abandonment of the farming activity and favoured an ever more pressing tourist activity, which, however, in its initial phases was respective of the environment. The road that crossed the Dolomites was thought and designed not only to connect two places, but also to influence the scenic perception the tourists experienced regarding the landscape they were crossing. The progress, identified by the automobile and the new roads, was integrated intelligently into the context. The tunnels hollowed out in the mountains were left with their rough rock and prime materials on show. At the same time the great hotels had an 'international' feeling. The great structures of Austro-Hungarian model, like the Gran Hotel Karersee in the Carezza pass, were the best that contemporary architectural research could offer. It was not a coincidence that the Hotel was inaugurated in 1896, together with the opening of the Val d'Ega road, the first stretch of the 'Dolomitenstrasse', the road of the Dolomites, as an example and motor to the touristic development of the entire region. The diffusion of tourism that came substantially after the first World War unhinged the balance of the farming society that had existed for centuries. Nevertheless, 'cultivated' examples of new architecture for tourism, like the Sporthotel Monte Pana (1935) in Val Gardena or the Sporthotel Valmartello (1937) by Giò Ponti that introduced modern architecture for the

Sporthotel Valmartello (1937) di Giò Ponti che hanno introdotto l'architettura "moderna" nelle Dolomiti. Anche in questi casi il rapporto con il contesto ed il legame con la tradizione erano ben chiari e sviluppati dai progettisti che, utilizzando nuove tecnologie ed introducendo nuove funzioni e comfort, non rinunciavano a rapportarsi con l'ambiente esterno utilizzando il paesaggio come sfondo per le proprie opere. I materiali ridotti ad un ulteriore essenzialismo caratterizzavano queste architetture con semplici tamponamenti di intere facciate e con coperture ad una o due falde molto esili e lineari.

L'avvento del turismo di massa e la "svendita" del territorio alpino avvenuta a partire dagli anni settanta, ha portato ad uno sviluppo, spesso incontrollato, che ha disseminato le valli di seconde case. In questo modo le strutture urbane dei paesi sono state densificate e sviluppate sfruttando i lotti disponibili ed edificabili senza seguire i criteri insediativi legati alla morfologia del territorio. Anche le tipologie edilizie hanno seguito le logiche più diverse, a partire dai grandi insediamenti turistici isolati come il "Solaria" a Mazzin di Fassa che, pur essendo realizzati in cemento armato a vista ed avendo una dimensione che nulla ha a che fare con la montagna, rappresentano comunque una fase di sviluppo violento ma più onesto del successivo ed attuale proliferare di un edilizia "pseudo-tirolese" dalle forme sempre più barocche. Nel nome della tradizione sono state individuate delle linee comuni seguite acriticamente dalla massa, ma anche condivise da molte amministrazioni, che hanno definito dei canoni di intervento che dovrebbero tutelare la specificità dell'edilizia alpina ma che di fatto individuano solamente alcuni parametri formali, perlopiù non "veri", impedendo la ricerca e l'evoluzione dell'architettura contemporanea.

Nonostante queste difficoltà e diffidenze, non sono però rari, soprattutto nel contesto Sudtirolese dove è forse più consolidata l'identità culturale ed architettonica, alcuni esempi di nuova architettura. Vengono riproposte le forme, i materiali ed i rapporti volumetrici originari, tradotti secondo i canoni della ricerca contemporanea. La reintroduzione da parte di numerosi giovani progettisti dell'uso del tetto a falde, abbandonato dal movimento moderno, riporta nell'ambiente montano un profilo familiare ma allo stesso tempo innovativo. Va evidenziato però che questo atteggiamento sembra essere

Dolomites, were not rare. Again, in these cases, the relationship with the context and the link to tradition were very clear and developed by architects who, by using new technologies and introducing new functions and comfort, didn't sacrifice the relationship with the environment, and used the landscape as a background to their works. The materials, reduced to a further minimalism, characterized these works of architecture with the simple filling out of entire facades and with very slender and linear one or two pitched roofs.

The arrival of mass tourism and the "sale" of alpine land in the 70s brought with it a sudden and often uncontrolled development, which peppered the valleys with second houses. This led to the development and densification of urban buildings in the towns, exploiting available plots without following the criteria of urbanization set by the morphology of the territory. Even the architectural typologies followed a different logic, starting with the vast isolated tourist villages like the "Solaria" in Mazzin di Fassa that, although being built in concrete and sporting dimensions that have nothing to do with the mountains, represent a phase of violent development that is more sincere than the successive, and current, reproduction of a "Tyrolean" architecture of increasingly baroque forms. In the name of tradition, many common stylistic traits have been identified and are acritically followed by the masses, but surprisingly they are also shared by many administrations who, on this basis, have defined certain standards of intervention that are intended to protect the particularity of alpine architecture, but which actually only achieve in identifying some formal parameters, which moreover are not even "real", preventing any research or evolution of contemporary architecture.

In spite of the difficulties and diffidence, examples of new architecture are not rare, especially in the South-Tyrolean context where the cultural and architectural identity is perhaps more consolidated. We find that the original forms, materials and volumetric relationships are re-proposed according to canons of contemporary research. Thanks to numerous young architects, the reintroduction of the two pitched roof, which had been abandoned during the modern movement, brings back to the mountains a familiar, yet innovative profile. It must, however, be underlined that this behaviour seems to be inversely proportional to the importance of the tourist resort.

inversamente proporzionale all'importanza turistica del luogo. Un esempio di Hotel contemporaneo non va ricercato nelle valli ladine dove proliferano le nuove costruzioni o le ristrutturazioni dei vecchi alberghi, ma in luoghi più isolati e lontani. L'ormai famoso "Vigilius mountain resort" di Matteo Thun vicino a Lana (Bolzano) costituisce un importante esempio di architettura contemporanea turistica che ben si rapporta con il contesto ambientale. L'esecuzione è però stata possibile grazie "all'effetto Tuhn" e cioè al coraggio e alla forza di un progettista che di fatto costituisce un marchio, un brand, da utilizzare nella comunicazione commerciale dell'Hotel. In questo senso è interessante notare come l'architettura contemporanea, non gridata ma legata in modo coerente al paesaggio alpino, possa rappresentare una risorsa economica e commerciale oltre che culturale per chi si appresta a realizzare una nuova struttura, sia essa un'attività turistica o artigianale, ma anche una struttura pubblica in cui la comunità si dovrebbe riconoscere.
La sperimentazione quotidiana ed il continuo confronto con il contesto, perseguito nel percorso professionale di ogni singolo architetto, è il modo più onesto per seguire l'insegnamento di Loos: "Sii vero! La natura sopporta soltanto la verità".

The search for a contemporary hotel gets its best results when conducted in an isolated valley, rather than in a Ladin valley, where new construction and restructuration of old hotels prevail. The notorious "Vigilus Mountain Resort" by Matteo Thun near Lana (Bolzano), constitutes an important example of contemporary architecture for tourism in which the building is well inserted into the environmental context. The execution of this was only possible, however, thanks to the "Thun effect", that is, thanks to the courage and strength of a designer that acts as a brand in the commercial communication of the Hotel. It is interesting to note how this contemporary architecture, not an imposter but related coherently to the alpine landscape, acts as an economic and commercial, as well as cultural resource for those who intend to build a new structure, whether it be for tourist or production activities, or a public building in which the community should recognize itself.
Daily experimentation and continuous consideration of the surrounding context in every moment of each architect's professional career, is the most honest way of following the teachings of Loos: "Be true! Nature tolerates only the truth."

Asilo nido intercomunale
Castello di Fiemme (Trento) 2009

Committente: Comune di Castello e Molina di Fiemme
Progetto e direzione lavori: weber+winterle architetti
Statica: studio Spazio Ambiente
Progetto impianto elettrico: Enrico Isma
Progetto impianto termoidraulico: Riccardo Andreatta
Sicurezza: QSA servizi s.r.l.
Impresa: F.lli Zanotelli
Sviluppo progetto 2006/09
Realizzazione: 2010

Ampliamento centrale teleriscaldamento
Cavalese (Trento) 2010

Committente: Bioenergia Fiemme
Progetto e direzione lavori: weber+winterle architetti
Statica: studio Spazio Ambiente
Progetto impianti: ing. Zorer
Sviluppo progetto preliminare 2010
Realizzazione: 2010

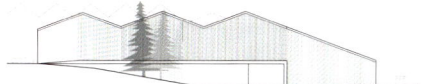

Padiglione temporaneo mostra Carnascèr
Vigo/Pozza di Fassa 2006

Committente: Istitut Cultural Ladin
Progetto e direzione lavori: weber+winterle architetti
Statica: studio Spazio Ambiente
Carpenteria: Holz&Co
Legname: Magnifica Comunità di Fiemme

Sistemazioni esterne: Sevis
Copertura: Service 3000
Impianto elettrico: Enrico Isma
Sviluppo progetto 2005
Realizzazione: 2006

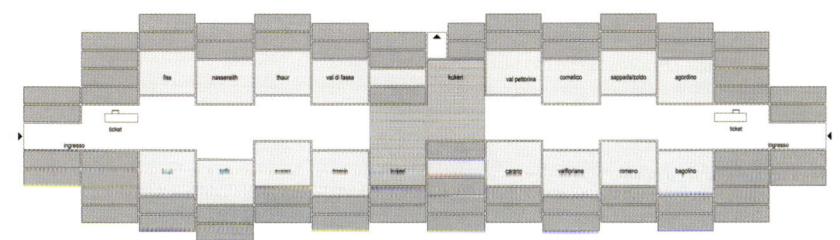

ATELIER AROUND DOLOMITI

Interpretare lo spazio delle montagne Unesco;
prime ipotesi di lettura e strategie progettuali.

Interpreting the space of the Unesco mountains;
first hypothesis for analysis and planning strategies.

ESPERIENZE DIDATTICHE
LEARNING EXPERIENCES
2009/2010

Passo Sella, by Gregor Sailer

L'ATELIER AROUND DOLOMITI

Turismo di massa, insediamenti e infrastrutture in aree e paesaggi sensibili.
Le Dolomiti, recente patrimonio Unesco: verso un laboratorio per la sostenibilità.

THE ATELIER AROUND DOLOMITI

Mass tourism, settlements and infrastructures in the sensitive areas and landscapes.
The Dolomites, recent Unesco heritage: toward a laboratory for sustainability.

A cura di/edited by **Pino Scaglione**

L'"Atelier Around Dolomiti" è un laboratorio di sintesi, del V anno, in cui gli studenti possono lavorare e interagire tra loro, confrontandosi sul tema del progetto per i contesti sensibili e affrontando la progettazione sia di scala vasta, che puntuale, in un territorio così ricco di potenzialità e contraddizioni come quello dolomitico.
"Around" ossia intorno, in quanto non è possibile pensare le Dolomiti senza ciò che esiste attorno ad esse, dal punto di vista fisico (viabilità, insediamenti, strutture ricettive, parchi e aree protette), dal punto di vista sociale (turismo di massa, minoranze etniche, produzioni di qualità) e dal punto di vista culturale e antropologico (preservare le tradizioni, i valori e il senso di identità).
In questa prima occasione, che segue, a distanza ravvicinata, l'attribuzione di patrimonio universale delle Dolomiti, da parte dell'Unesco, gli allievi hanno intrapreso, con coraggio e curiosità lo studio delle problematiche che pongono oggi questi straordinari paesaggi alpini, di cui le immagini di Sailer, nella parte iniziale, ne sono la giusta lettura fotografica.
Ognuno degli allievi ha dato un contributo diverso, ma di uguale valore nello studio e nella progettazione delle differenti aree dolomitiche scelte per la prima occasione (Dolomiti di Brenta e Marmolada) in un continuo brainstorming che lascia ben sperare per il futuro dell'Atelier, nella sua continuità, nella sua apertura e collaborazione con altre prestigiose Scuole di Architettura europee.

Pino Scaglione, responsabile scientifico Atelier Around Dolomiti

The "Altelier Around Dolomites" is a fifth year lab, in which the students work and interact, comparing their thoughts on the project for these sensitive contexts, and facing the design of both large scale and detailed elements, in a territory so rich of potential and of contradictions, as are the Dolomites.
The word "Around" refers to the fact that one can not think of the Dolomites without thinking about what surrounds them, from a physical (roads, settlements, receptive activities, parks and protected areas), social (mass tourism, ethnical minorities, quality production) and cultural-anthropological point of view (preservation of traditions, values and sense of identity).
In this first occasion, which closely follows Unesco's attribution of World Heritage Site to the Dolomites, the students have courageously taken on the study of the problems that regard this extraordinary alpine landscape, of which the images by Sailer have been exhibited in the first part of the book, and which constitute a correct type of photographic analysis.
Each of the students has contributed in a different way, through valuable studies and projects for the various dolomitic areas chosen for this first incident in a brainstorming session (Brenta Dolomites and the Marmolada), and which give us high hopes for the future of the Altelier, as it continues and collaborates with other prestigious European Schools of Architecture.

Pino Scaglione, scientific organizer of the Altelier Around Dolomites

1 - DISCUSSIONE DI GRUPPO / GROUP DISCUSSION

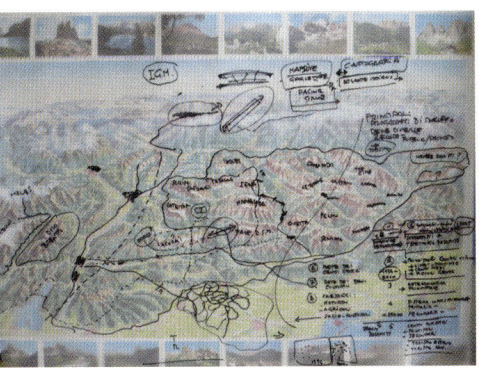

2 - SCHIZZI DI PARTENZA / STARTING SKETCHES

3 - ELABORAZIONE PROGETTI / PROJECT DEVELOPMENT

4 - PRESENTAZIONE ED ESPOSIZIONE / PRESENTATION AND EXHIBITION

Ricognizione fotografica effettuata dagli allievi dell'Atelier Around Dolomiti sulle aree dolomitiche e sui rifugi intorno alla Marmolada

Photographic recognition made by the students of the Atelier Around Dolomiti on the dolomitic areas and at the mountain dews around Marmolada

CERCHI DOLOMITICI

DOLOMITIC CIRCLES

Margherita Rizzi

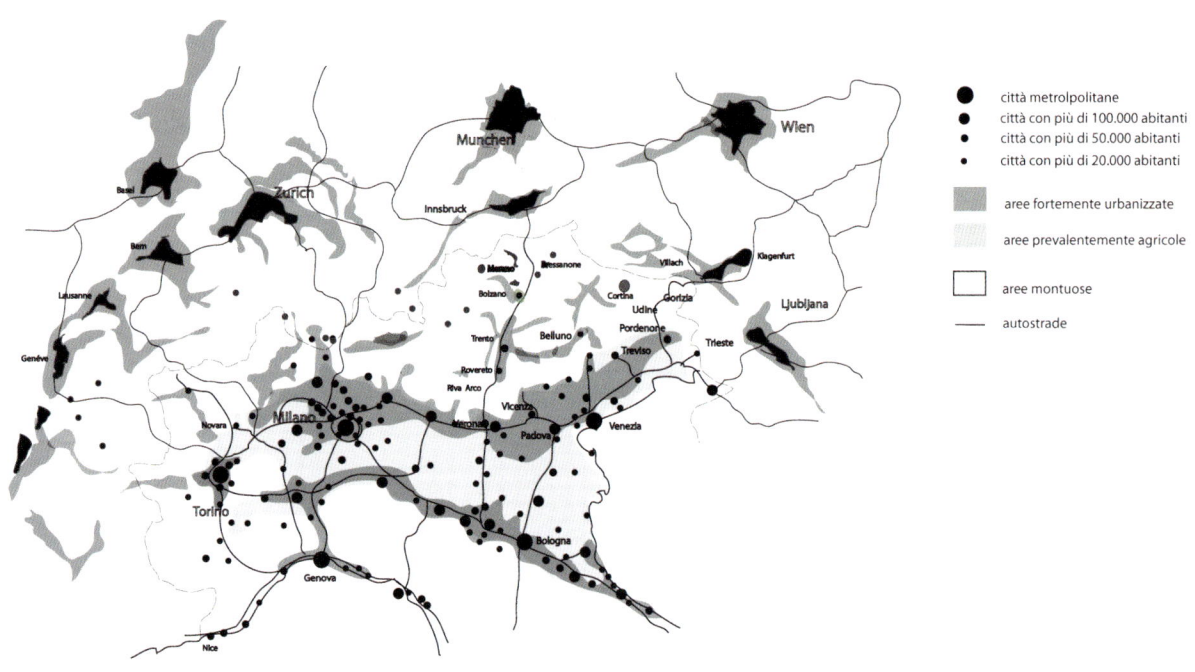

> Ho iniziato con lo studio del territorio creando delle mappe cartografiche che analizzassero la viabilità e i percorsi nelle aree dolomitiche. Tali aree sono astratte e rappresentate con i "cerchi dolomitici". I cerchi sono concentrici e le fasce di vario grado indicano diverse altitudini e funzioni, inoltre la linea di valle formata dalla rete infrastrutturale e dai centri urbani deve poter relazionarsi e dialogare sempre più con le prime fasce adibite a pascolo e boschi per portare a un generale e sostenibile benessere all'interno del cerchio dolomitico. Questi cerchi, per loro natura, sono collegati e interconnessi in "località nodo", che diventano così punti di trasmissione dei flussi e delle energie tra ogni area.

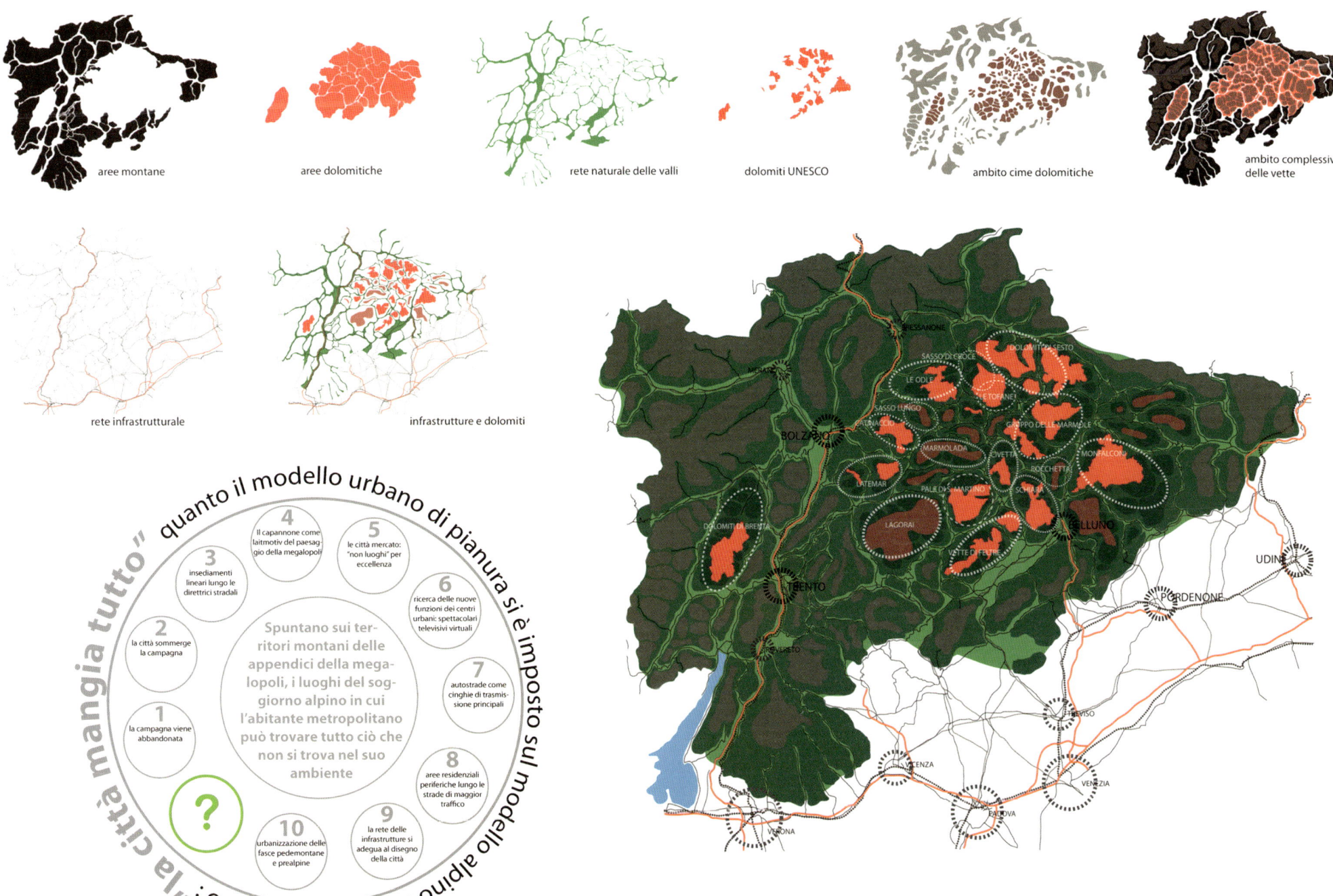

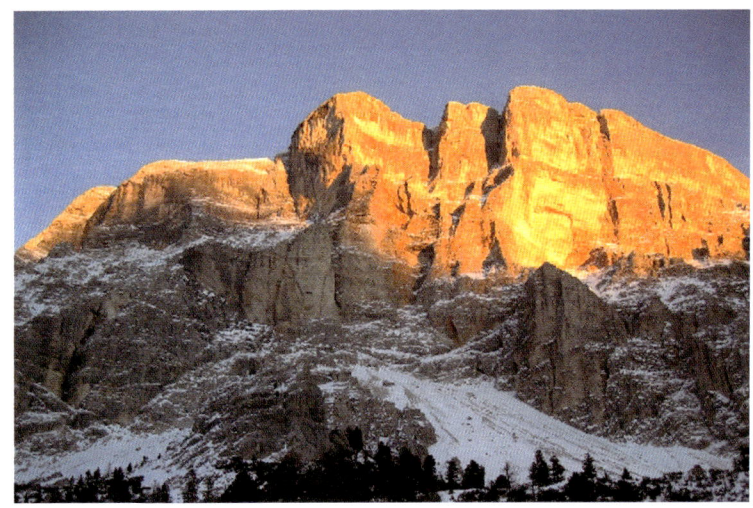

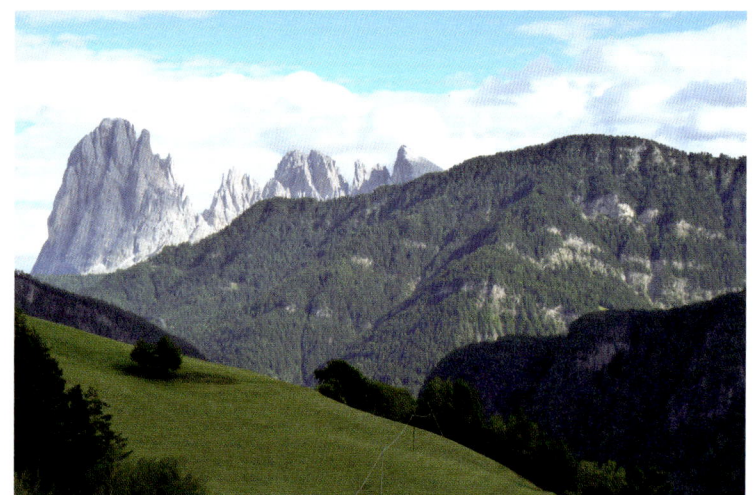

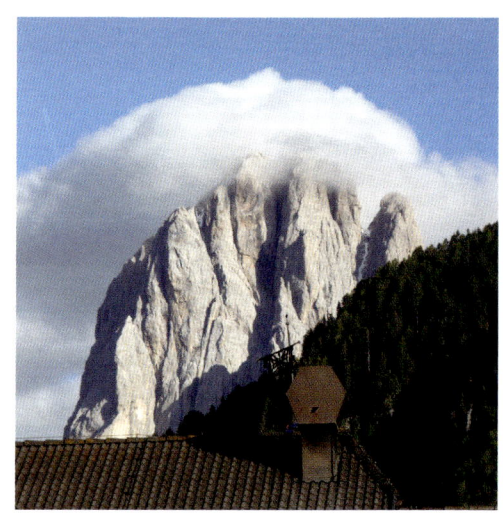

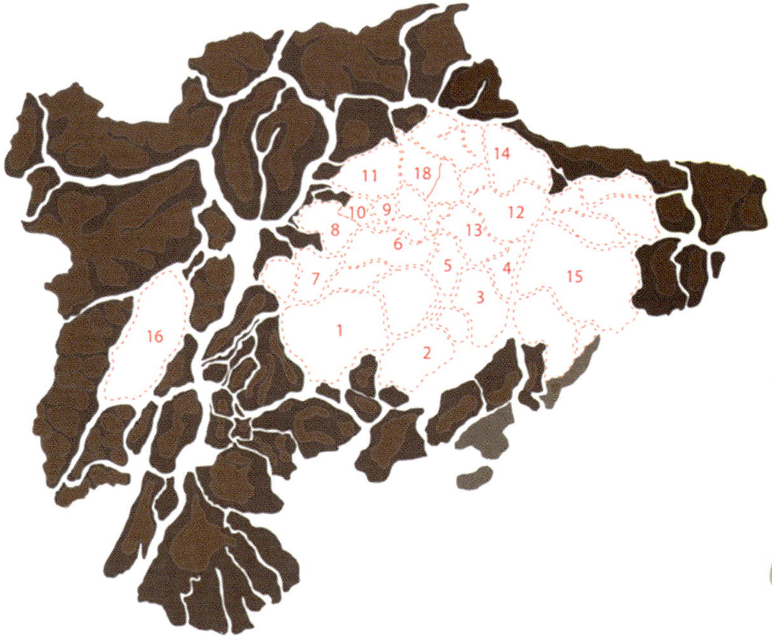
14
11
18
10
9
12
8
13
6
5
4
7
15
3
16
1
2

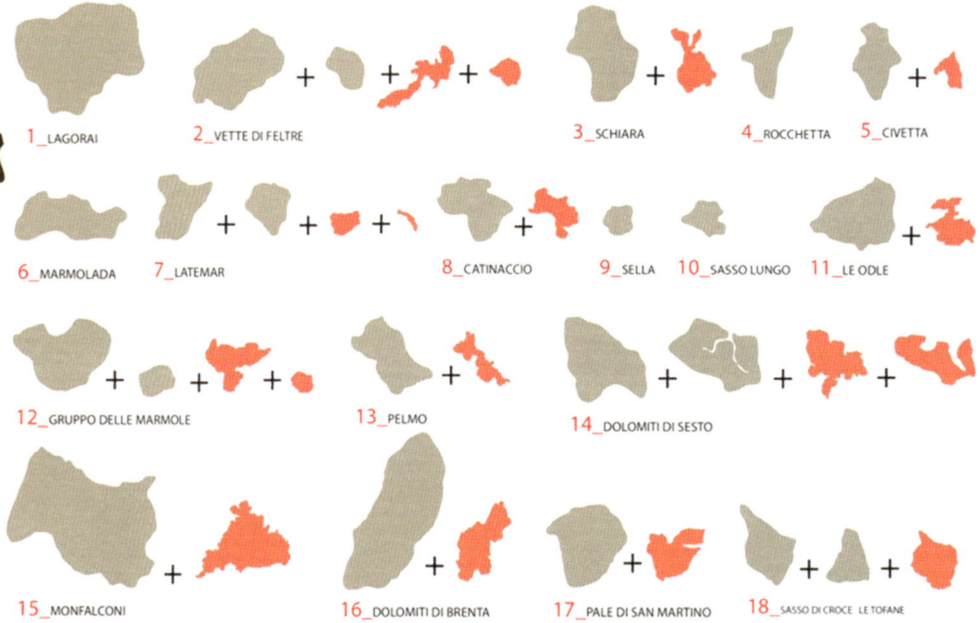
1_LAGORAI
2_VETTE DI FELTRE
3_SCHIARA
4_ROCCHETTA
5_CIVETTA
6_MARMOLADA
7_LATEMAR
8_CATINACCIO
9_SELLA
10_SASSO LUNGO
11_LE ODLE
12_GRUPPO DELLE MARMOLE
13_PELMO
14_DOLOMITI DI SESTO
15_MONFALCONI
16_DOLOMITI DI BRENTA
17_PALE DI SAN MARTINO
18_SASSO DI CROCE LE TOFANE

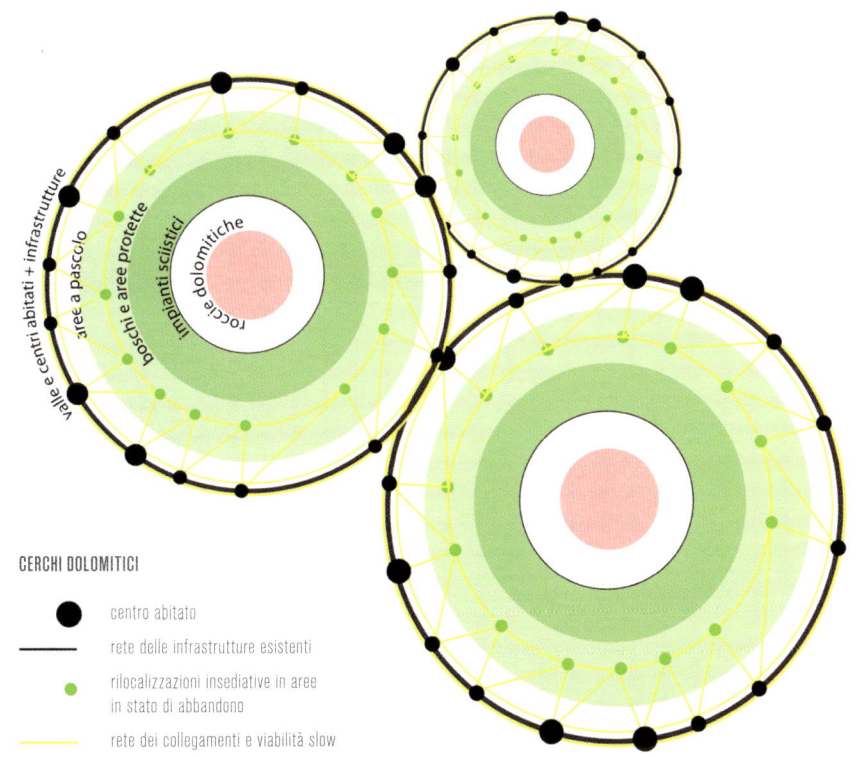

CERCHI DOLOMITICI

- ● centro abitato
- ━ rete delle infrastrutture esistenti
- ● rilocalizzazioni insediative in aree in stato di abbandono
- ━ rete dei collegamenti e viabilità slow

"nuova vita per le Alpi" il confronto positivo tra questi due mondi, la condizione che consente di vincere la sfida

Bisogna immaginare per le Alpi una vita autonoma e duratura e una qualità di vita potenzialmente superiore all'alterego di pianura, allora la diversità si trasforma in ricchezza, la sudditanza decade e i due mondi si completano

GENESI DI UN PAESAGGIO
GENESIS OF A LANDSCAPE

Francesco Adamoli
Marco Mondin
Andrea Dario Tomasoni

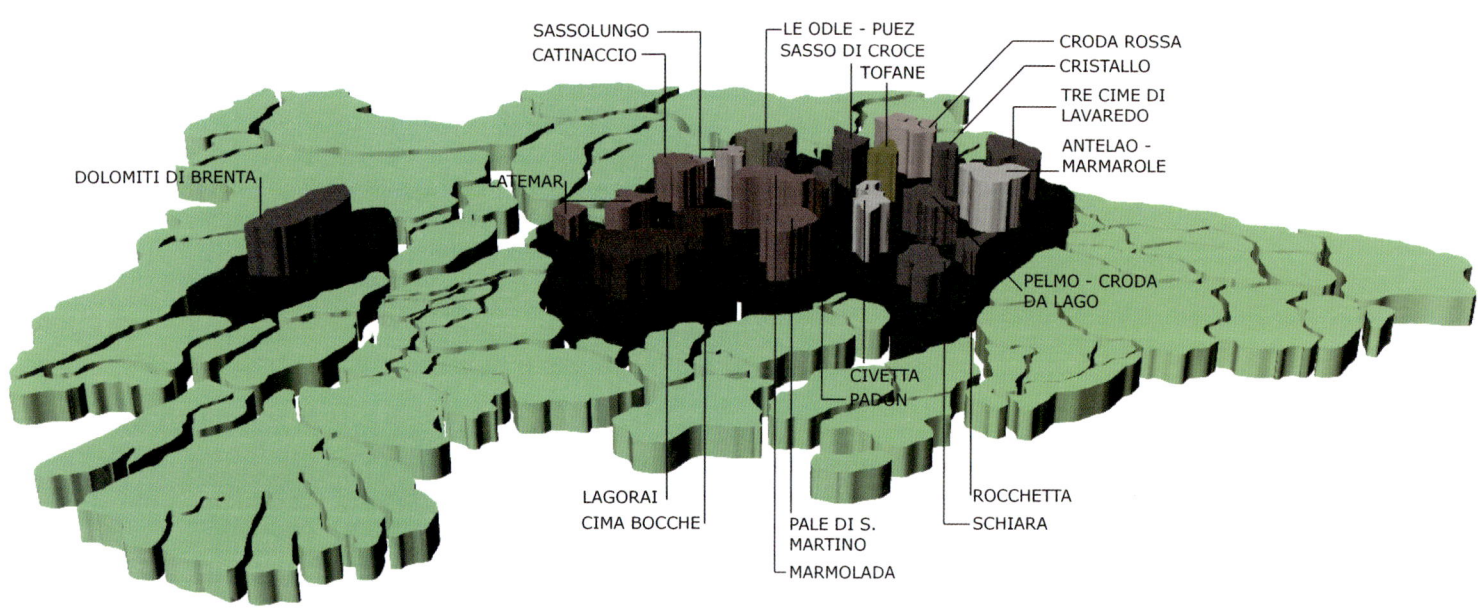

> Per operare in un ambito così complesso come questo, bisogna conoscerlo a fondo e l'Atelier ci ha permesso di comprenderne vari aspetti. Nel nostro caso, ad esempio, lo studio geologico su come nasce e si forma il paesaggio dolomitico. L'avanzare del tempo, nelle varie ere geologiche, rispecchia il nostro concept di "progetto in continua evoluzione" nel paesaggio.

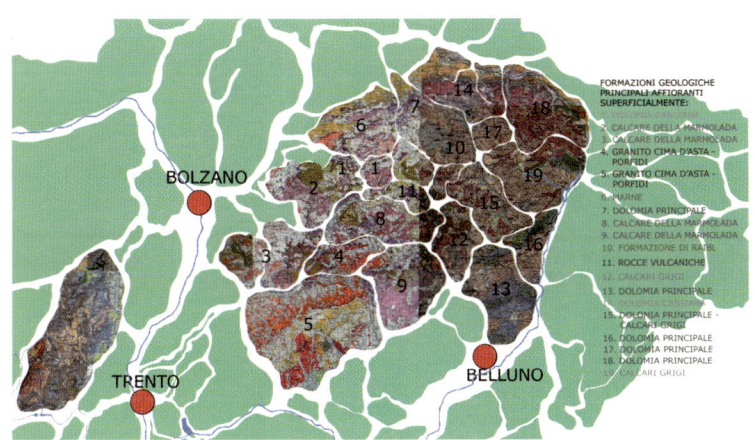

Sopra, carta geologica;
a destra, genesi del paesaggio dolomitico

Above, geologic map;
On the right, genesis of the dolomitic landscape

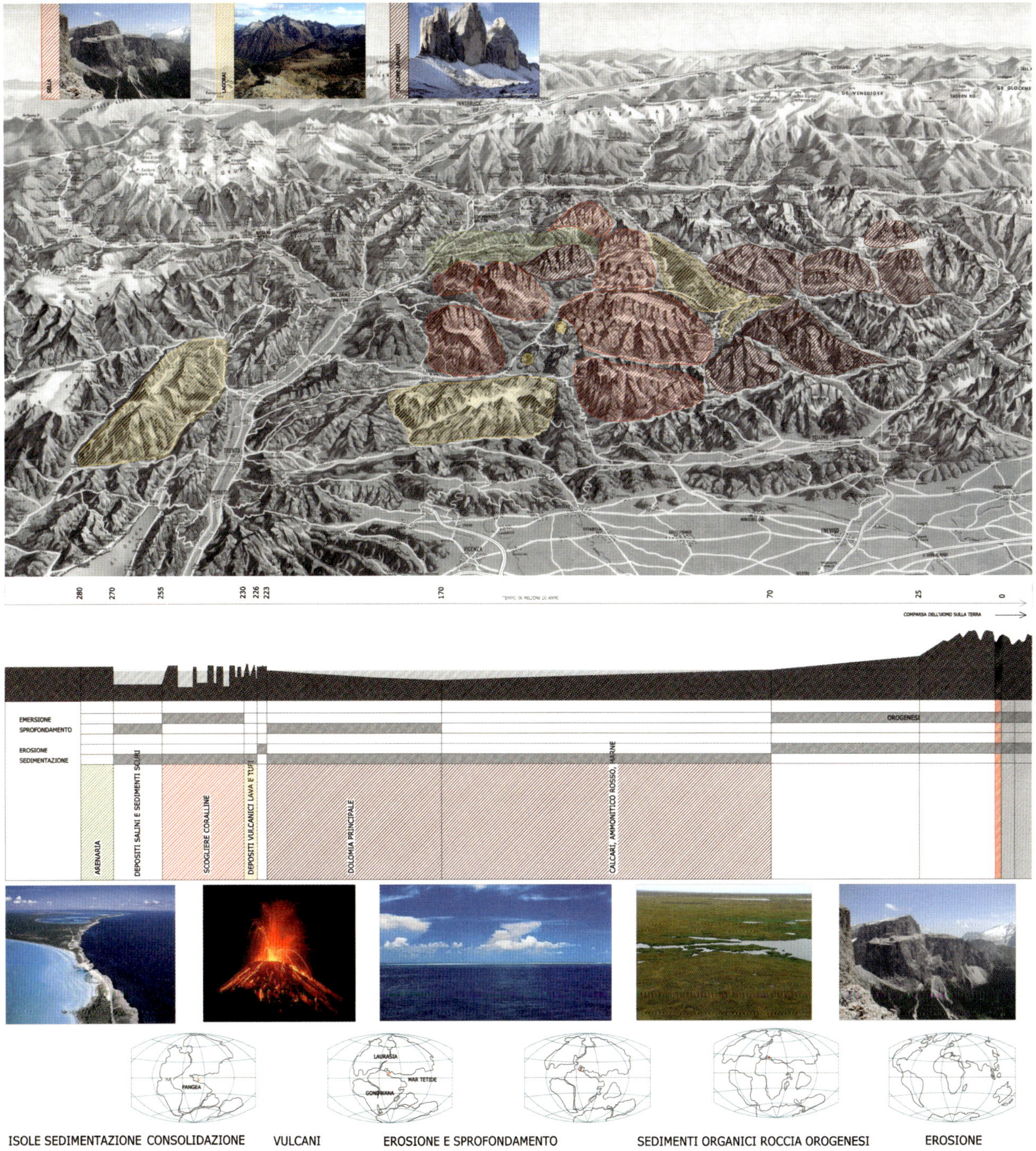

ISOLE SEDIMENTAZIONE CONSOLIDAZIONE   VULCANI   EROSIONE E SPROFONDAMENTO   SEDIMENTI ORGANICI ROCCIA OROGENESI   EROSIONE

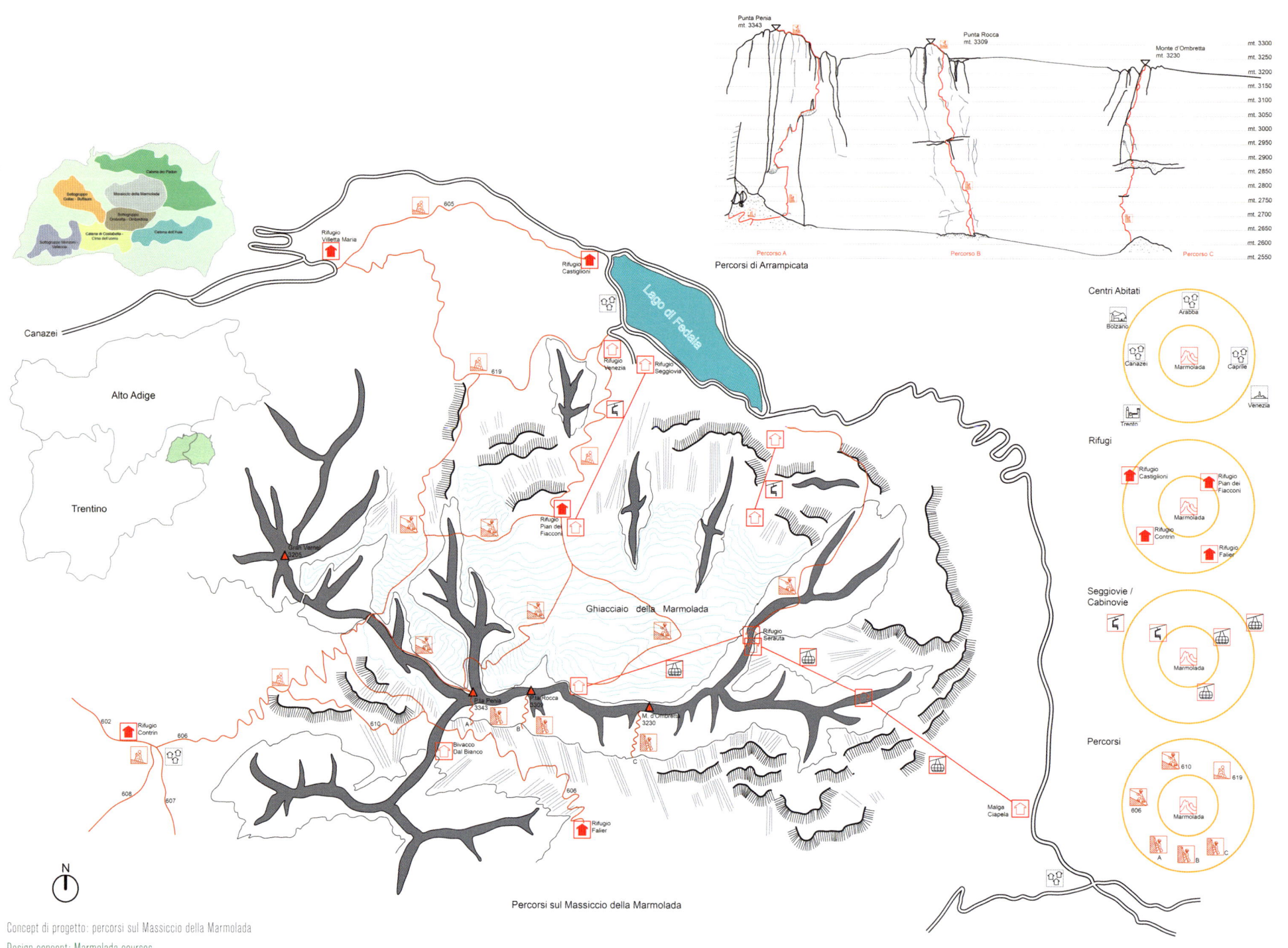

Concept di progetto: percorsi sul Massiccio della Marmolada
Design concept: Marmolada courses

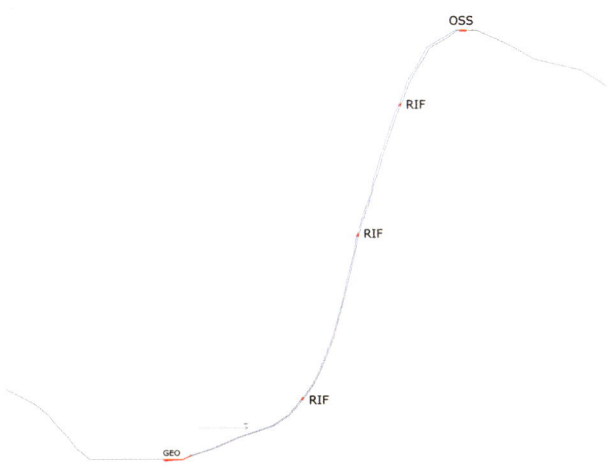

Geologia dolomitica: museo ipogeo
Dolomitic geology: underground museum

DOLOMITI COME PROCESSO GEOLOGICO
RAPPRESENTATO DA UN PERCORSO IPOGEO

SPROFONDAMENTO, ISOLE, OROGENESI
SONO ELEMENTI ARCHITETTONICI
DISPOSTI SULLA LINEA DEL TEMPO
PER RACCONTARE LE ORIGINI DEL PAESAGGIO CHE,
UNA VOLTA USCITI COMPARE DI FRONTE AL VISITATORE

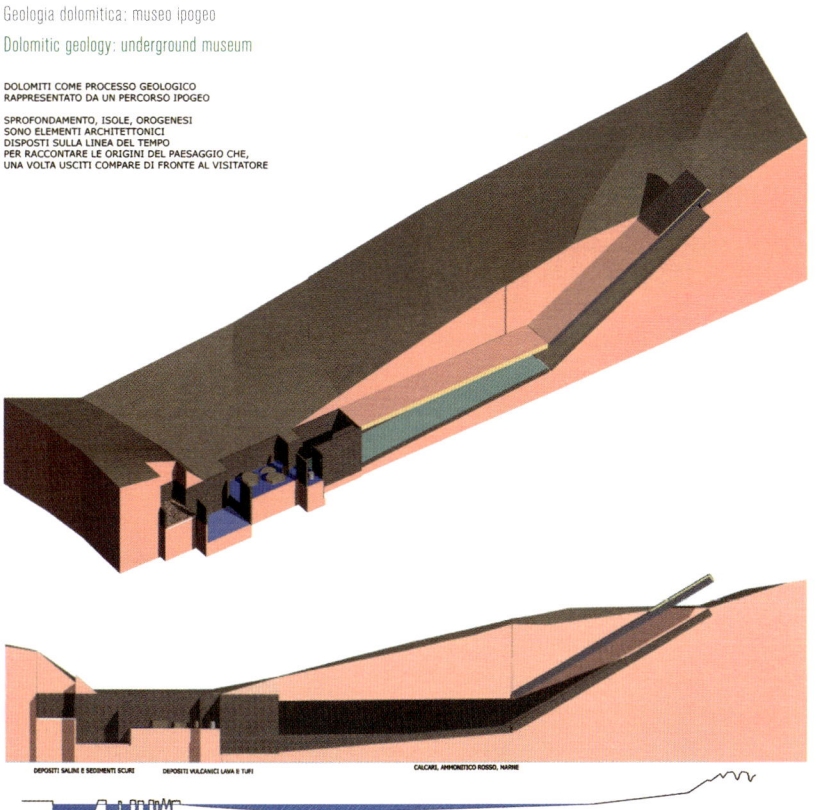

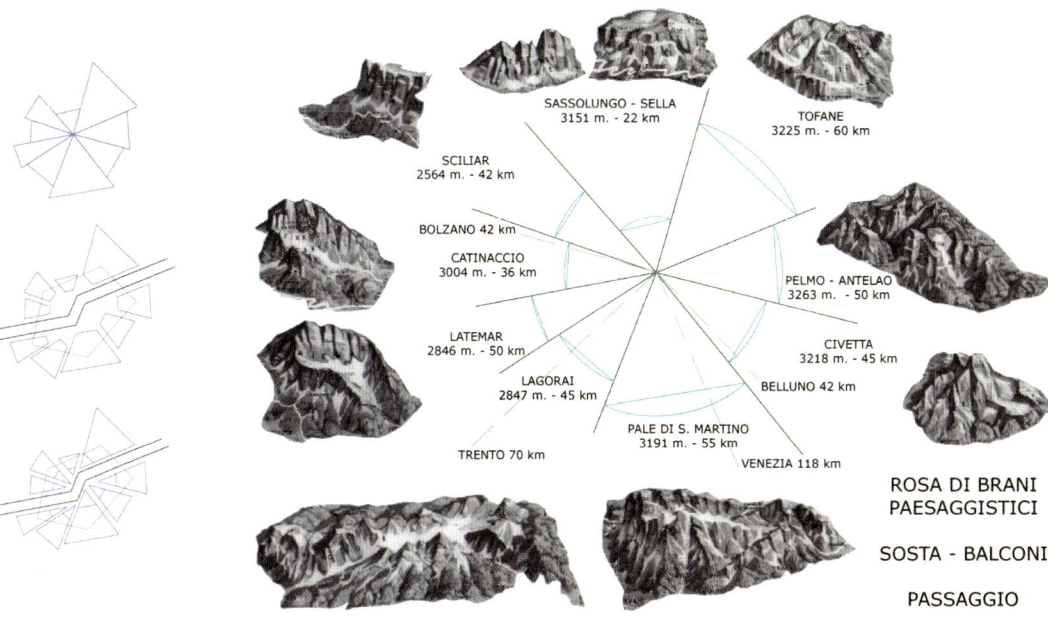

ROSA DI BRANI
PAESAGGISTICI

SOSTA - BALCONI

PASSAGGIO

Ipotesi di osservatorio paesaggistico
Hypothesis of landscaping observatory

TRASFORMAZIONI

TRANSFORMATIONS

Grete Bottamedi
Manuel Candioli
Valentina Giacomelli
Stefania Tessari

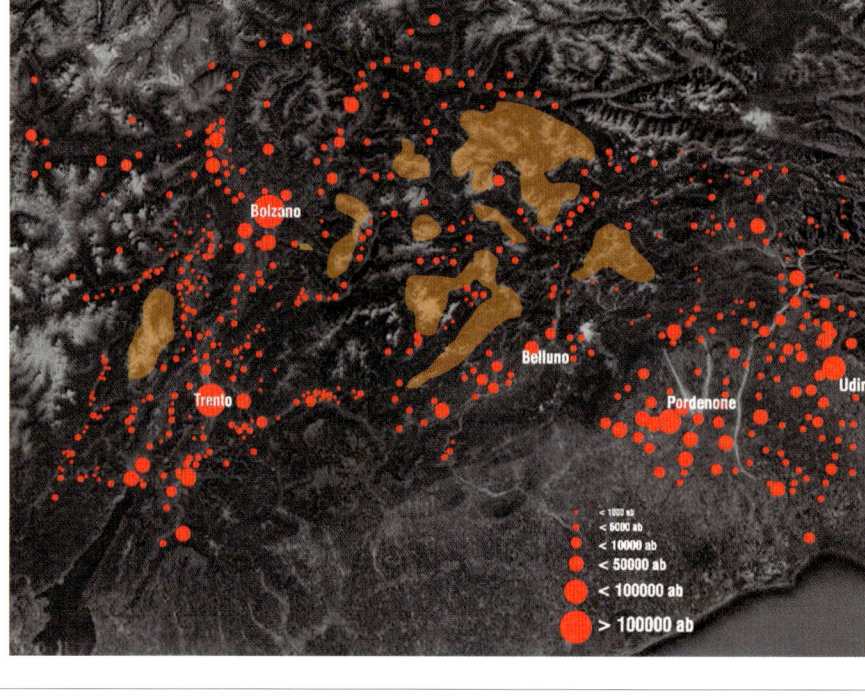

Sistemi urbani intorno alle Dolomiti
Urban systems around the Dolomites

1935

2010

"La nostra attenzione si è focalizzata sull'area di Campiglio. È stata analizzata l'espansione dei centri abitati, ponendo l'accento sul crescente sfruttamento del territorio che lo ha reso saturo. Bisogna, a nostro parere, controllare l'espansione e puntare sulla qualità."

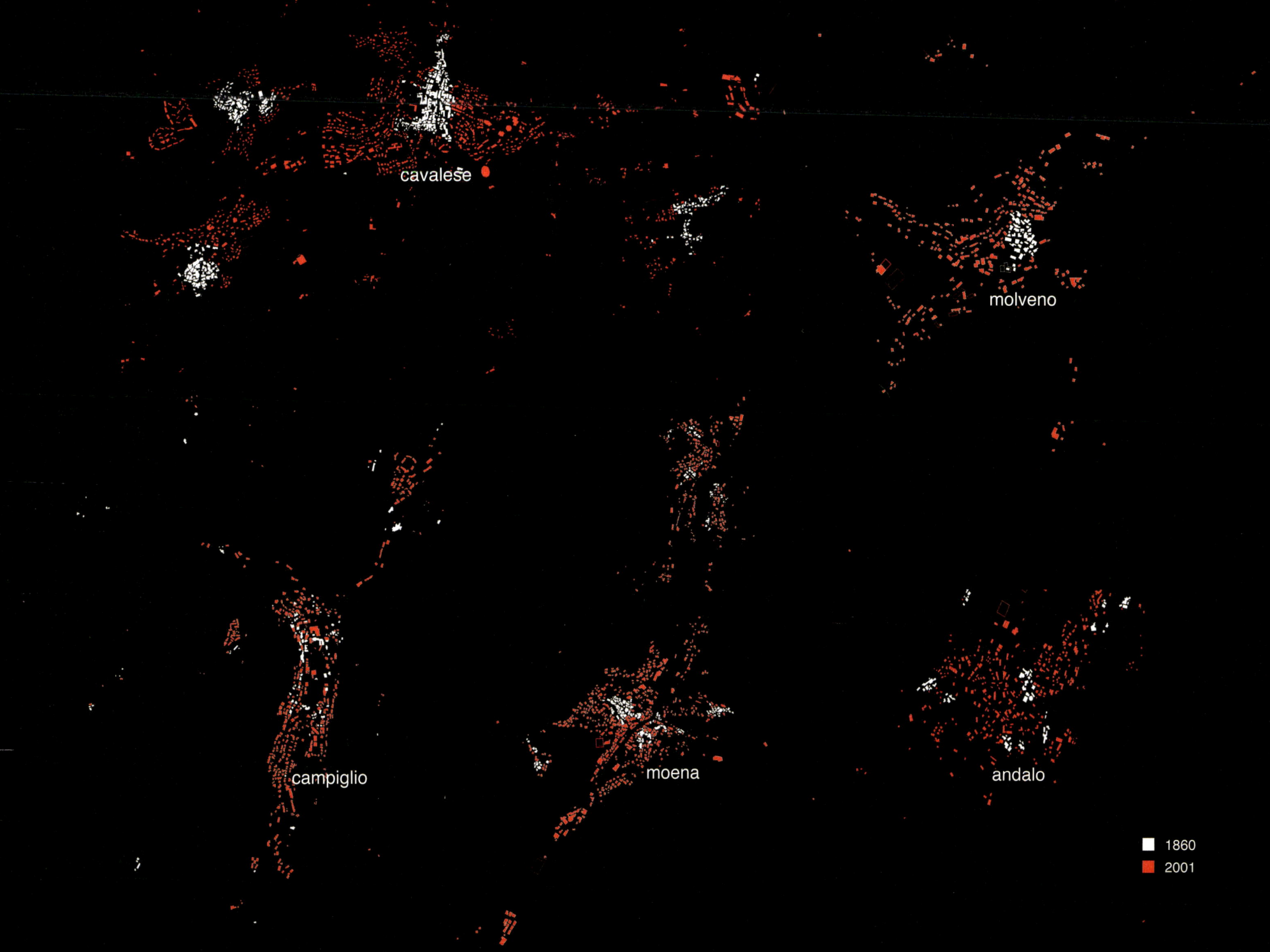

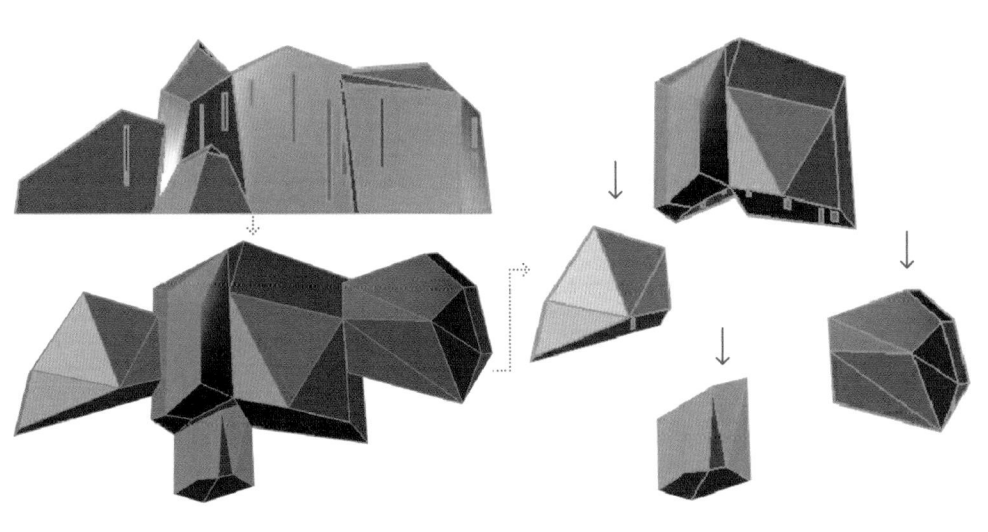

Proposta di Campus Unesco ad Andalo
Unesco Campus proposal in Andalo

GEOPARCO

GEOPARK

Federico Dalla Valle
Marco Magnago
Silvia Piolini
Nicoletta Zanotelli

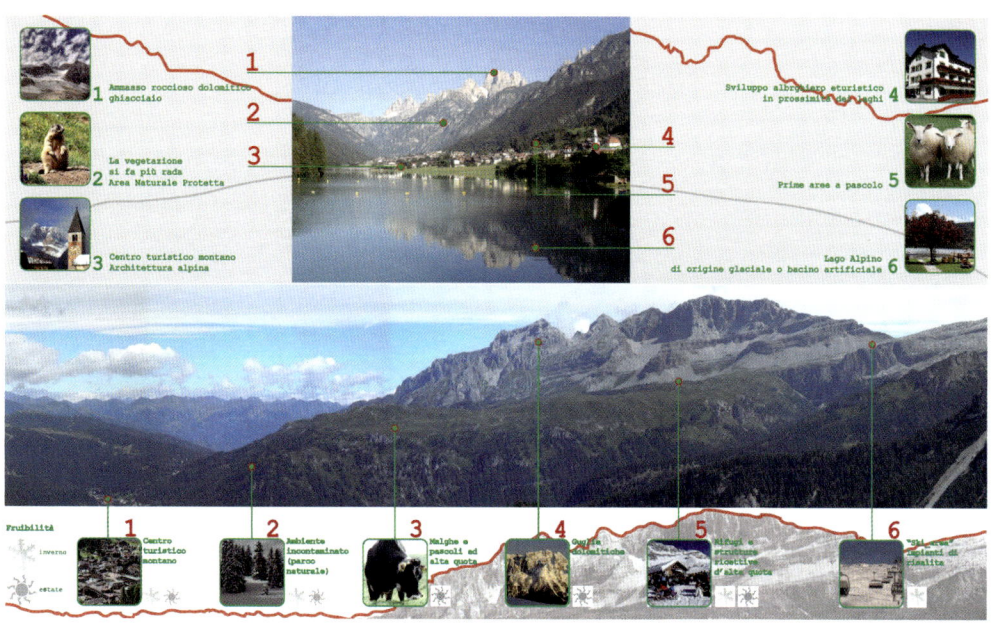
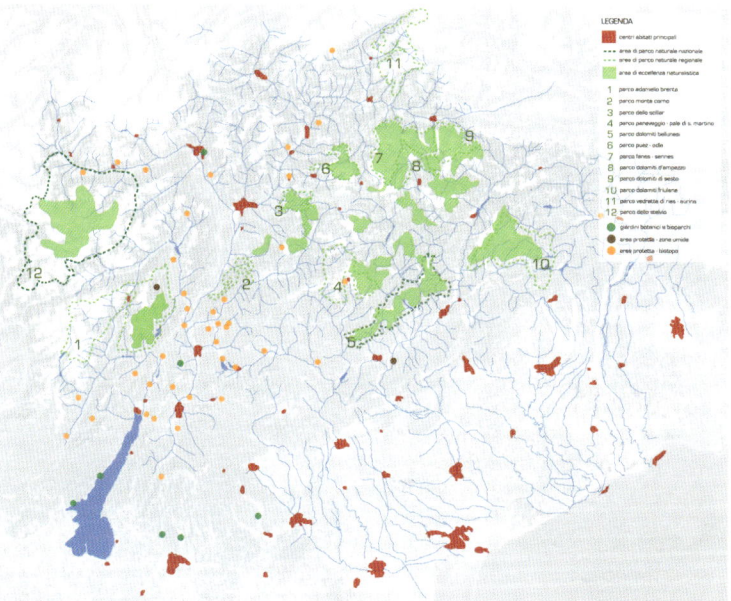

> L'analisi condotta dal nostro gruppo è mirata a capire come possano coesistere dei territori particolarmente favoriti dallo sviluppo turistico e di qualità paesaggistiche e altri che ne restano parzialmente esclusi. L'idea è quella di progettare per tali territori una rete di "info-point" di cui facciano parte anche aree più conosciute come Pinzolo e Campiglio, puntando non solo su un turismo legato allo sport, ma anche a percorsi eno-gastronomici, strutture termali, parchi, laghi, etc.

MORFOLOGIA

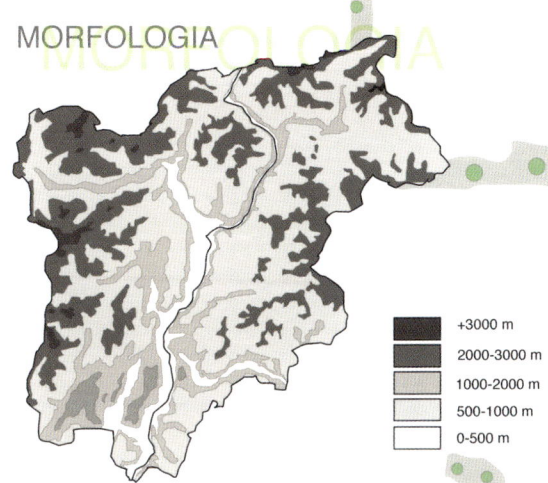

+3000 m
2000-3000 m
1000-2000 m
500-1000 m
0-500 m

La caratteristica dominante del territorio è l'orografia che va a determinare la disposizione delle città e delle infrastrutture.

INFRASTRUTTURE

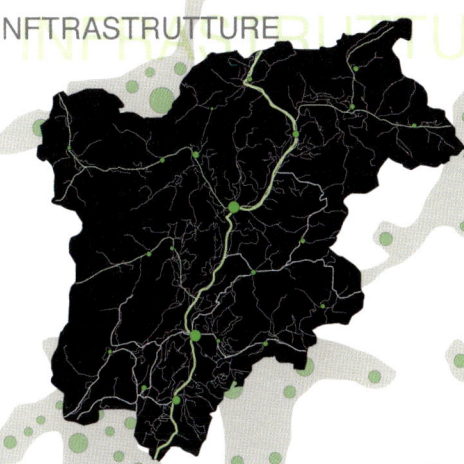

Dal grande corridoio del Brennero che attraversa la regione si diramano sul territorio gli assi di comunicazione delle superstrade che a loro volta si ramificano sul territorio servendolo capillarmente.

SPAZIO URBANIZZATO

Spazio urbanizzato
Spazio ad urbanizzazione diffusa
Territori ad orografia complessa

L'urbanizzato crea nel fondovalle una figura che si modella secondo le linee orografiche. Le città di Trento, Bolzano e Rovereto sono i centri nevralgici di questo complesso sistema urbano

FLUSSI TURISTICI

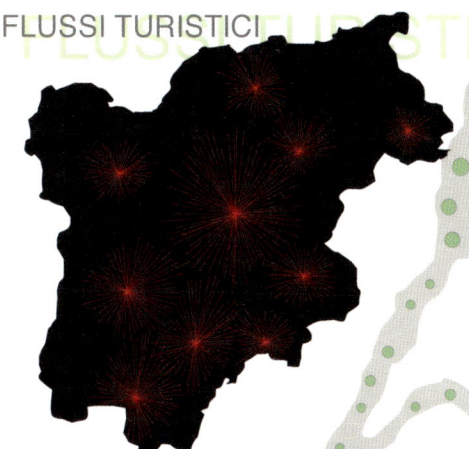

Allo stato attuale i flussi di traffico che dominano la regione appaiono concentrati su pochi assi principali originati dai tre centri della valle dell'adige, Rovereto, Trento, Bolzano.

Il quadro conoscitivo è iniziato con uno studio del territorio per layers. Sono state analizzate verie tipologie di tematiche apparentemente indipendenti tra di loro ed in seguito sono state messe a confronto tra di loro tramite la sovrapposizione di questi layers. Dalla morfologia del territorio siamo passati all'inquadramento dei principali centi urbani e delle reti viarie, analizzandone le origini della disposizione. Inoltre per l'utilità del progetto abbiamo indagato sui flussi turistici, che non appaiono omogenei sul territorio. Infine, è stata individuata l'area in cui sorge il parco Adamello Brenta, che è parte integrante delle Dolomiti di brenta su cui si concebtreranno le analisi sucessive.

PARCO NATURALE

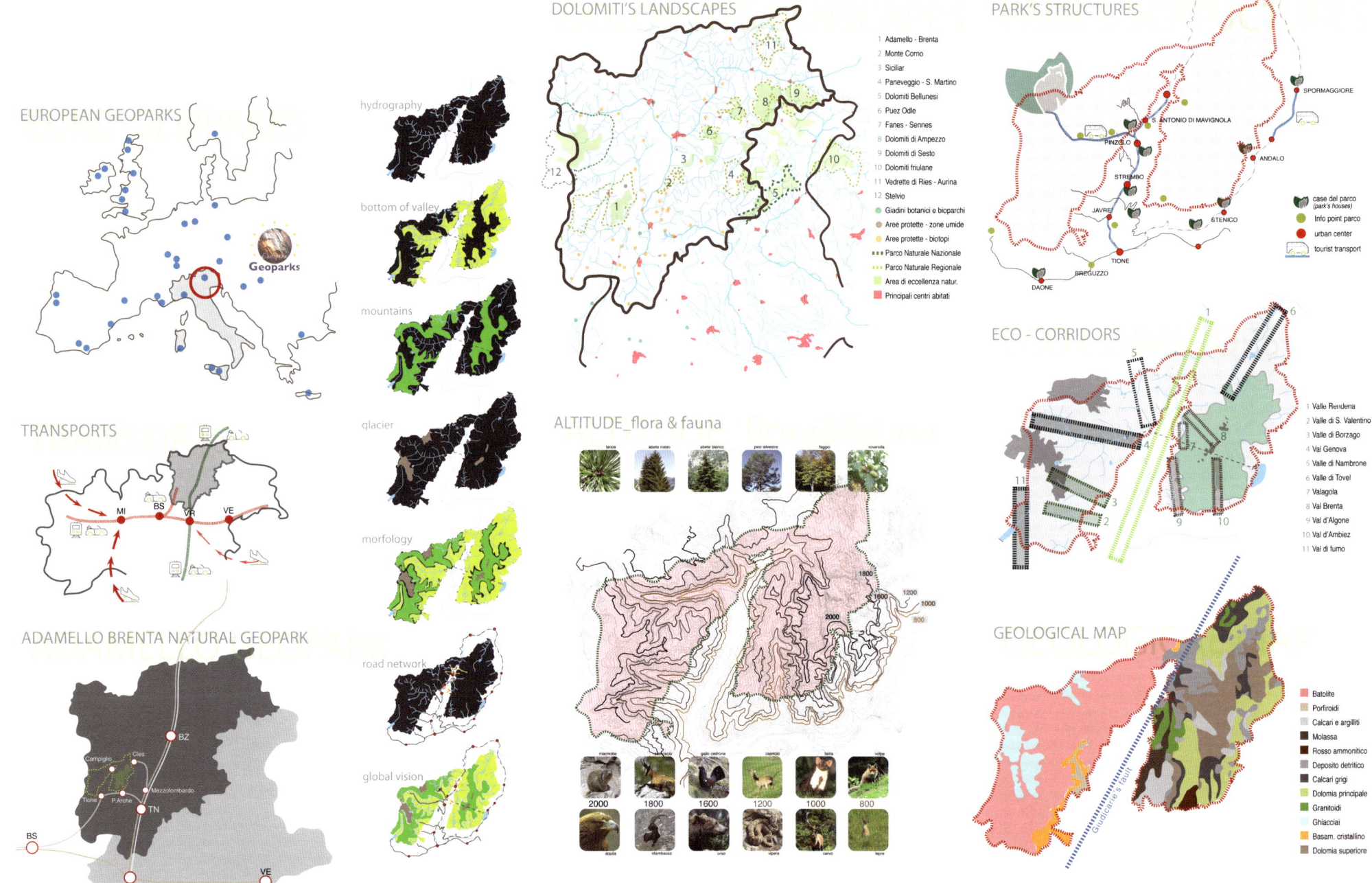

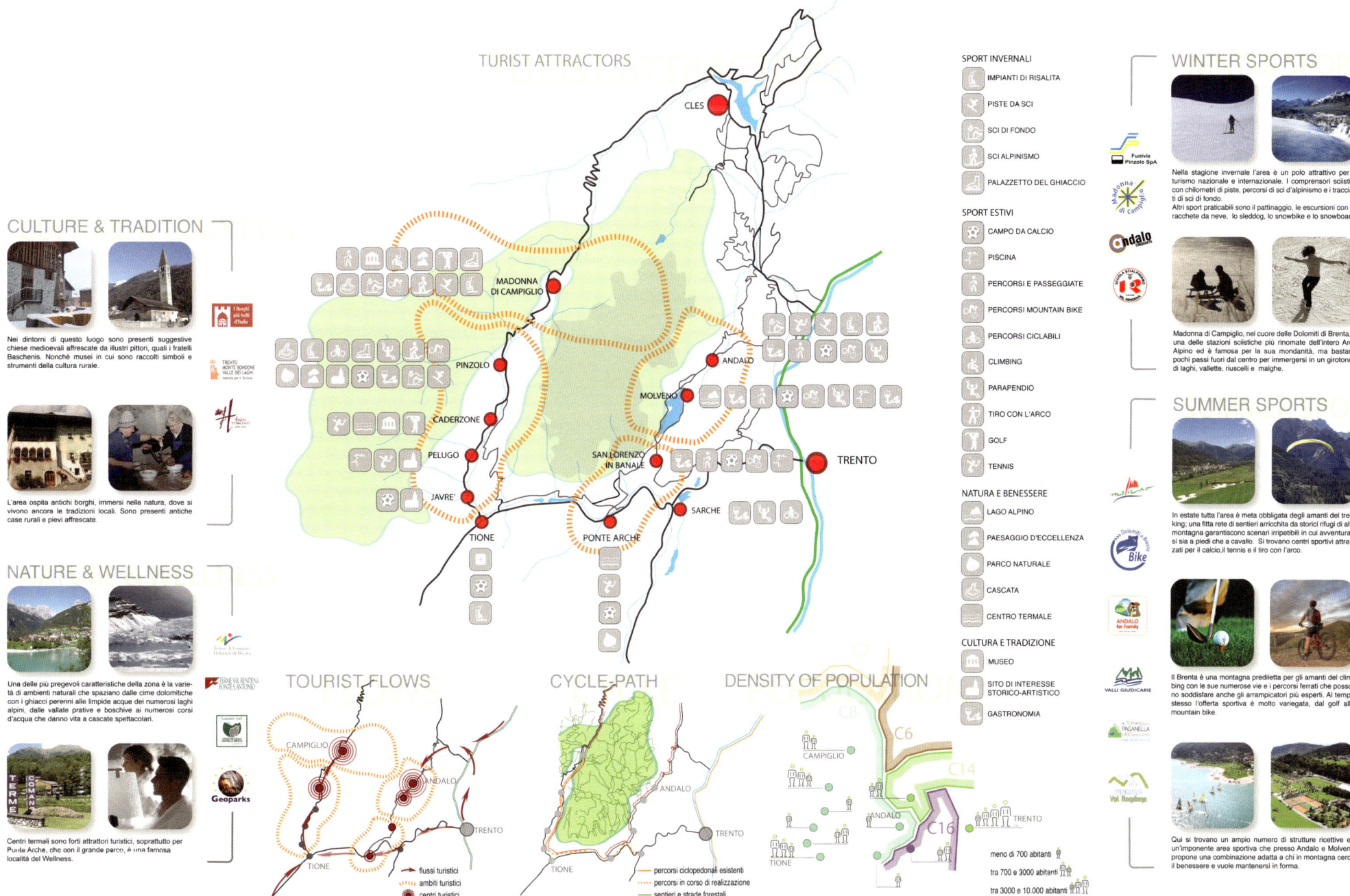

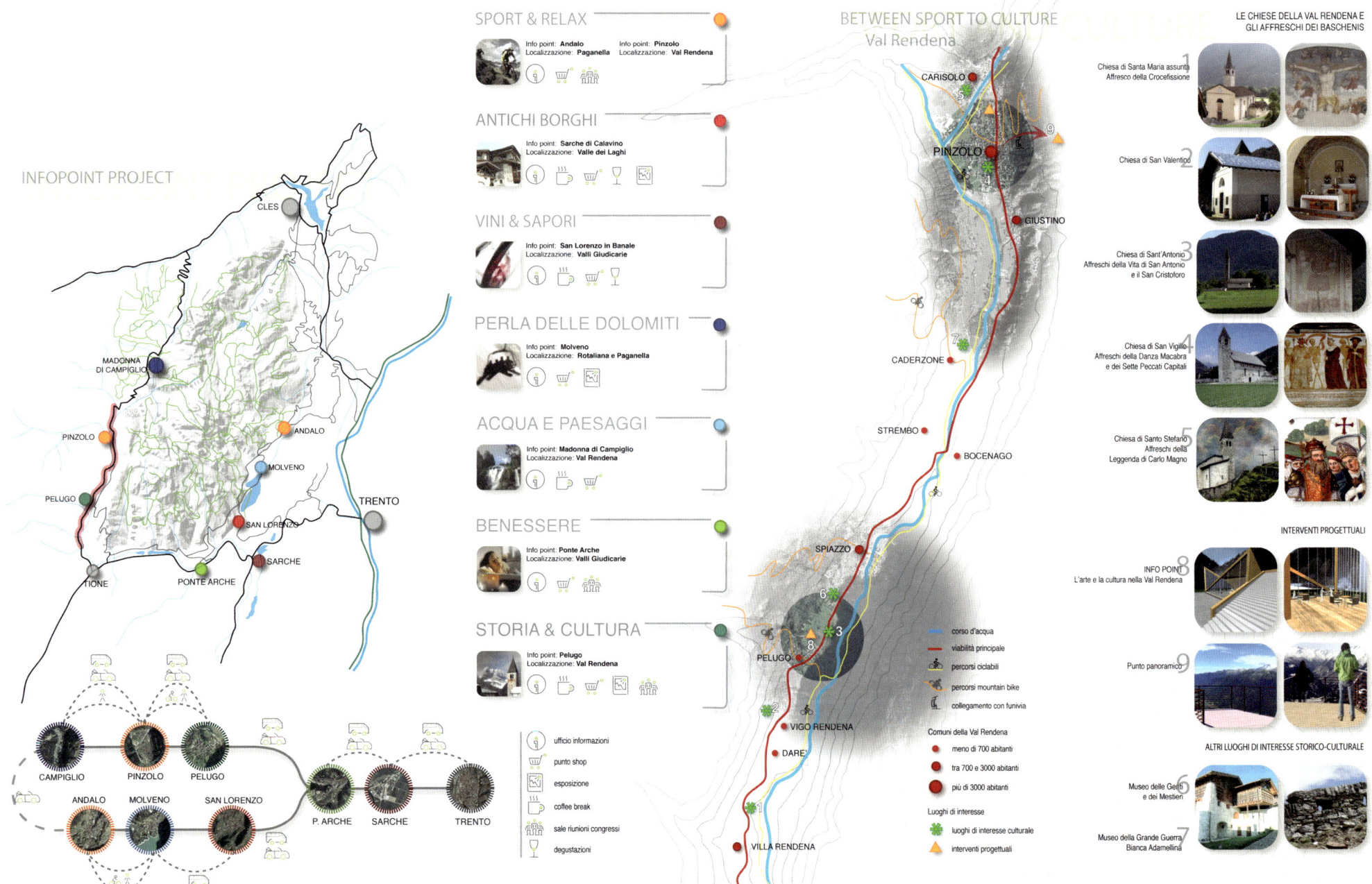

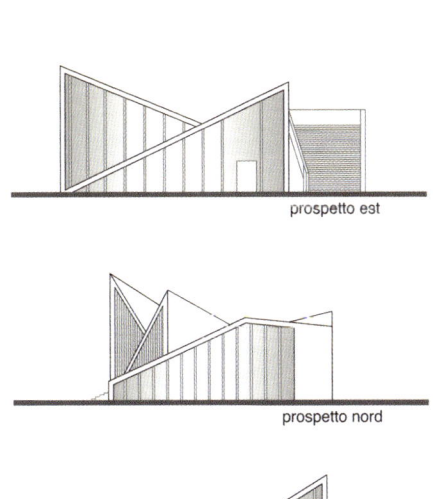
prospetto est

prospetto nord

prospetto sud

prospetto ovest
scala 1_200

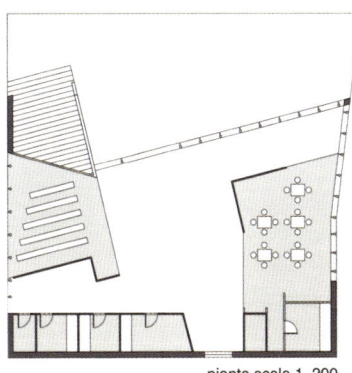
pianta scala 1_200

Progetto di centro di accoglienza turistica a Pinzolo
Design of touristic info point in Pinzolo

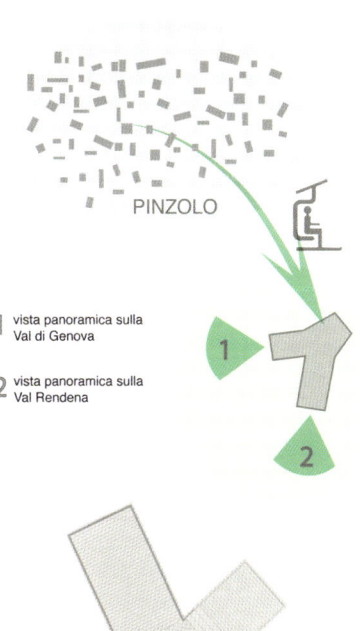

1 vista panoramica sulla Val di Genova
2 vista panoramica sulla Val Rendena

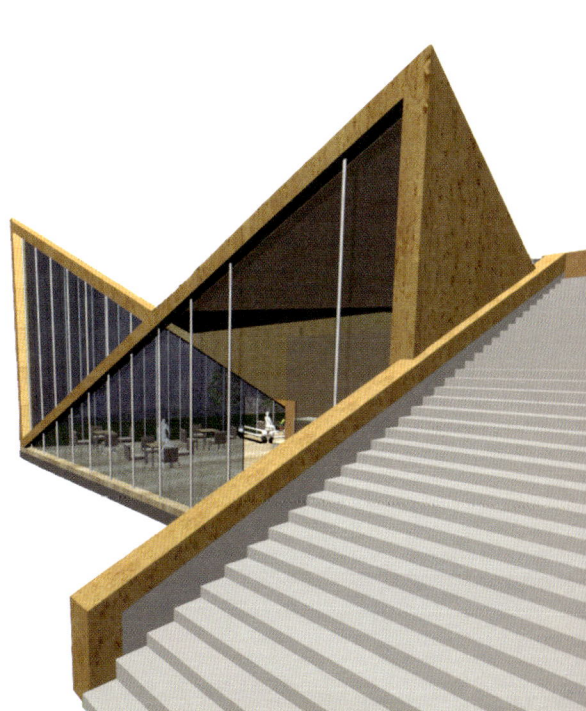

DOLOMITI E INFRASTRUTTURE ALPINE

DOLOMITES AND ALPINE INFRASTRUCTURES

Martina Ficicchia

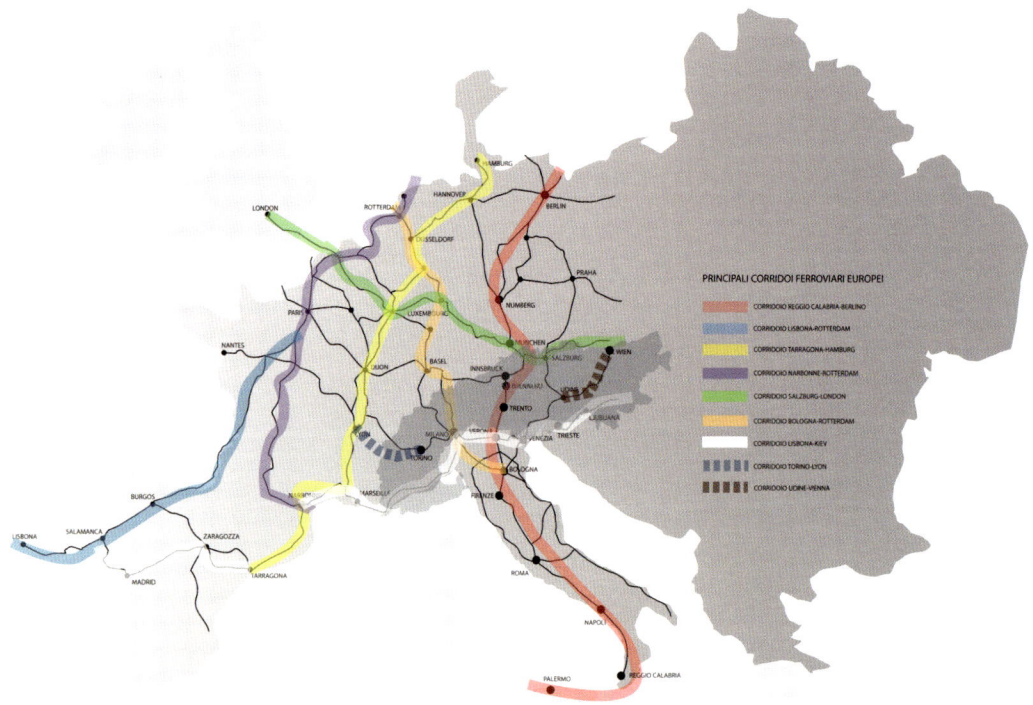

"
Il lavoro che ho svolto è principalmente una denuncia del degrado e dello stato di abbandono di alcuni impianti sciistici e di risalita nelle Alpi. Partendo da un'analisi del turismo, analizzando il preoccupante fenomeno delle seconde case e dello sfruttamento del territorio, ho condotto uno studio sugli impianti di risalita, con particolare attenzione agli esempi austriaci, le cosiddette "best practises" in netto contrasto con le "worst practises". Non bisogna dimenticare che il titolo Unesco è revocabile e non è merito esclusivo della geografia del paesaggio, ma anche delle dotazioni tecnologiche e delle architetture che il paesaggio ospita.
"

Traffico pesante   Percentuale CO₂   Volume traffico

Dati forniti da Monitraf

Presenza turistiche degli stranieri in Trentino

I dati si riferiscono all'Annuario del Turismo del 2007
pubblicato dalla Provincia di Trento

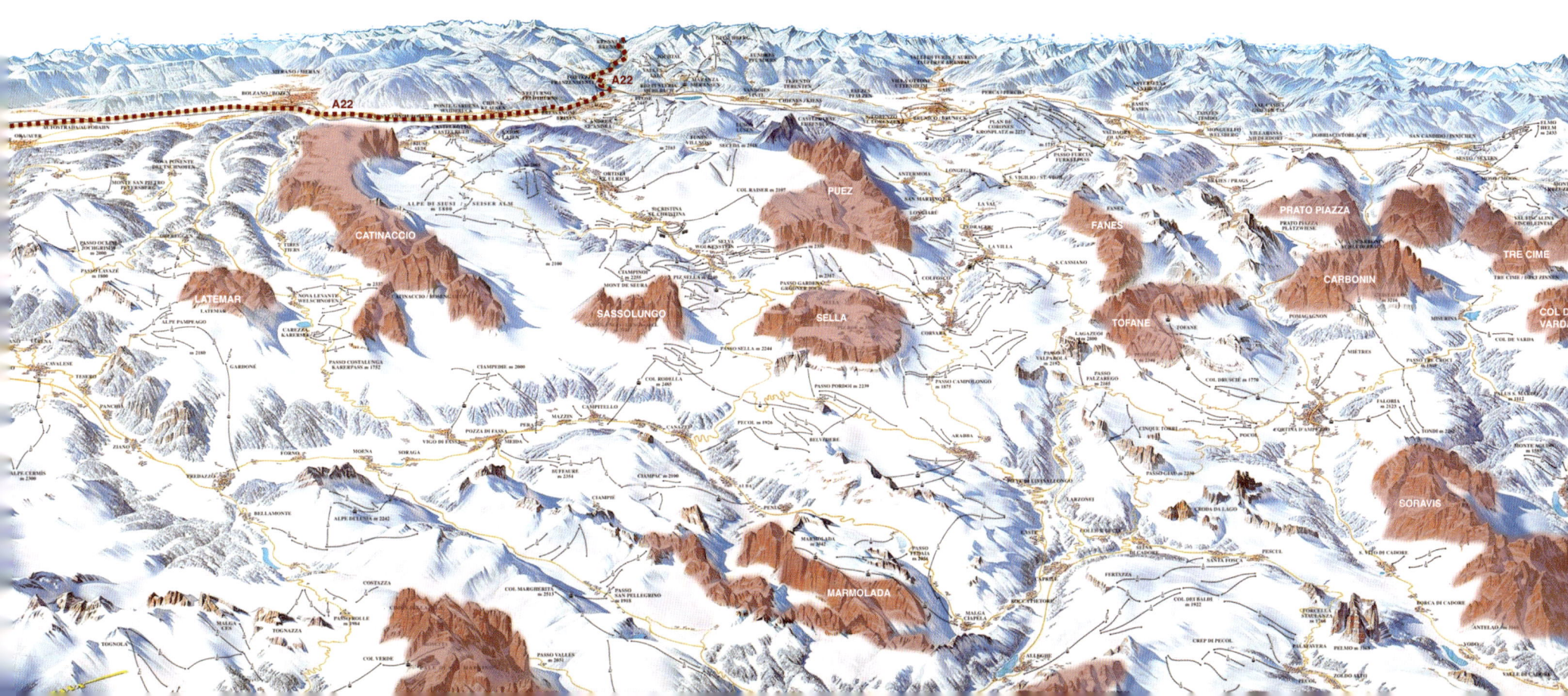

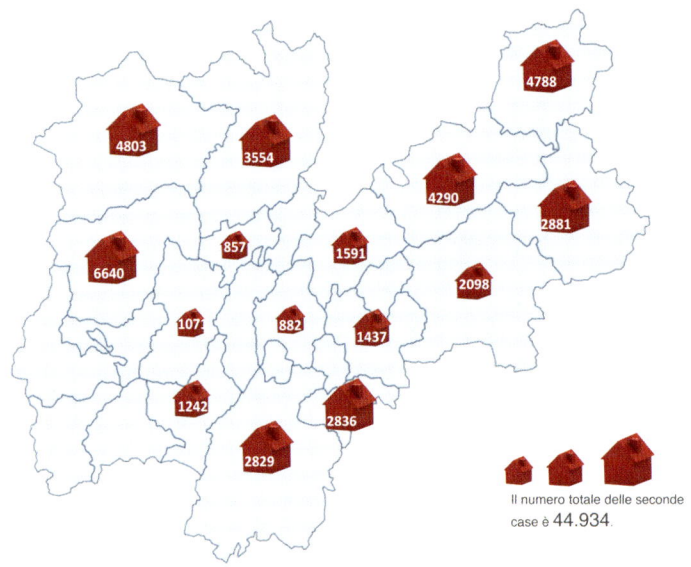

Il numero totale delle seconde case è 44.934.

Val di Fiemme

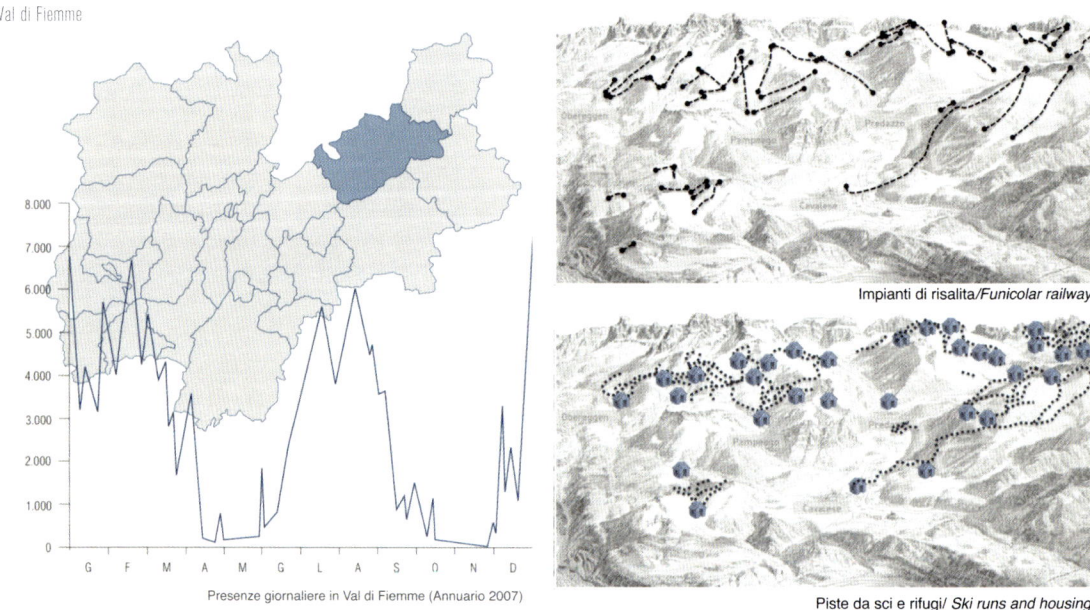

Presenze giornaliere in Val di Fiemme (Annuario 2007)

Impianti di risalita/*Funicolar railway*

Piste da sci e rifugi/ *Ski runs and housings*

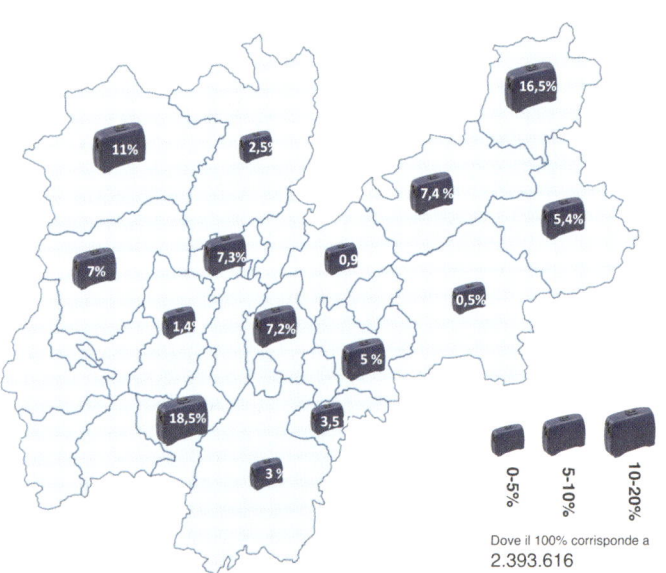

0-5% 5-10% 10-20%

Dove il 100% corrisponde a 2.393.616

Val di Fassa

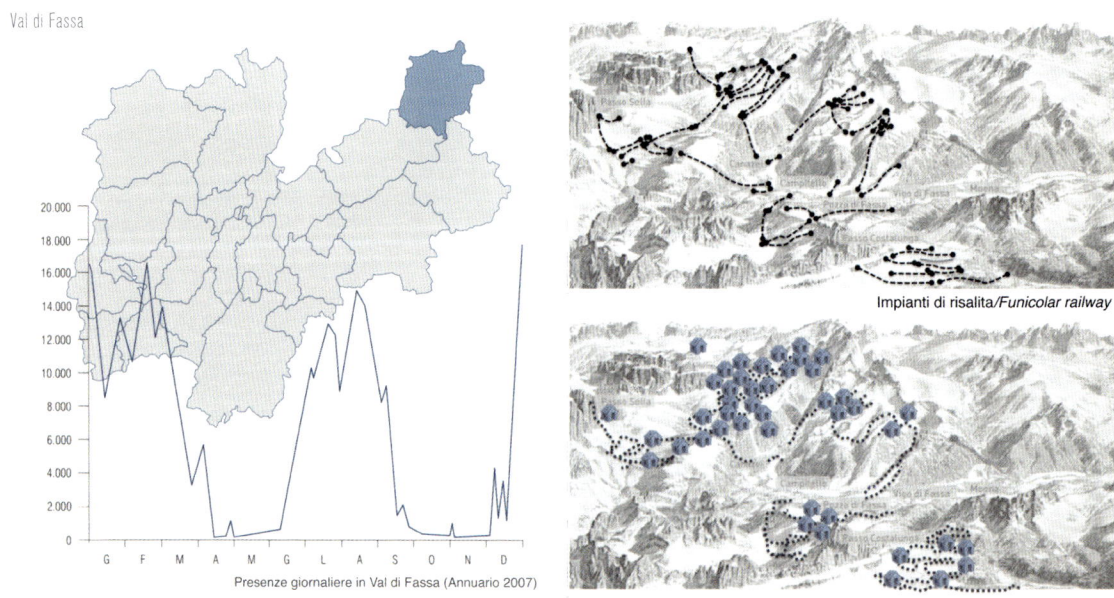

Presenze giornaliere in Val di Fassa (Annuario 2007)

Impianti di risalita/*Funicolar railway*

Piste da sci e rifugi/ *Ski runs and housings*

WORST PRACTICES · BEST PRACTICES

1-2-3. Seggiovia dismessa a Monte Cornetto, Folgaria (TN)/*Disused chairlift at Cornetto Mountain, Folgaria (TN)*.
4-5-6. Strutture sciistiche, Lagorai (TN)/*Skiing system, Lagorai (TN)*.
7-8-9. Impianti di risalita, Folgaria (TN)/*Ropeways, Folgaria (TN)*.

10-11. Funicolare progettata da Zaha Hadid a Innsbruck/ *Funicolar railway projected by Zaha Hadid at Innsbruck.*
12. Stazione funicolare a Portillo, Cile/ *Funicolar station at Portillo, Chile.*
13-14. Funivia e seggiovia di qualità/*quality cableway and chairlift* .
15-16-17. Bergisel ski jump progettato da Zaha Hadid, Austria/*Bergisel ski jump projected by Zaha Hadid, Austria.*

DOLOMITI A PAGAMENTO

DOLOMITES ON PAYMENT

Violeta Toro Freund

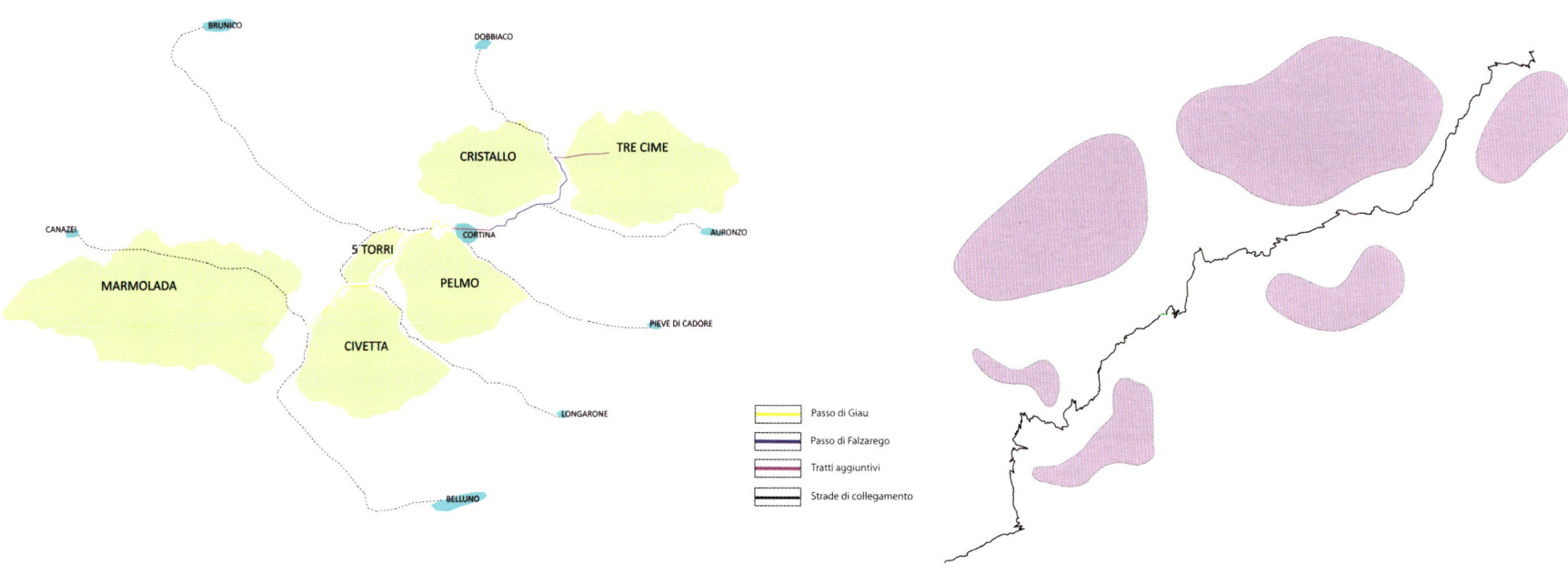

> Prendendo come esempio i due passi (Passo Giau e Passo di Falzarego) e facendoli diventare parte di un itinerario, il progetto analizza i flussi veicolari, il territorio ed altri parametri per poter stabilire dove si possono localizzare dei nuovi caselli. A seconda dei flussi e dell'importanza delle strade che coincidono con l'itinerario, è stato determinato una gerarchia di caselli, quindi alcuni saranno più grandi e più attrezzati di altri. Inoltre si è studiato l'andamento del terreno che circonda la strada, per capire le diverse condizioni morfologiche che si creano lungo l'itinerario, e quindi le diverse situazioni che l'architettura dovrà affrontare. Questi caselli, oltre ad essere punti dove pagare il pedaggio, dispongono di tutti i servizi che servono ai turisti; area di ristorazione, informazioni turistiche, area di riposo, motel, negozi.

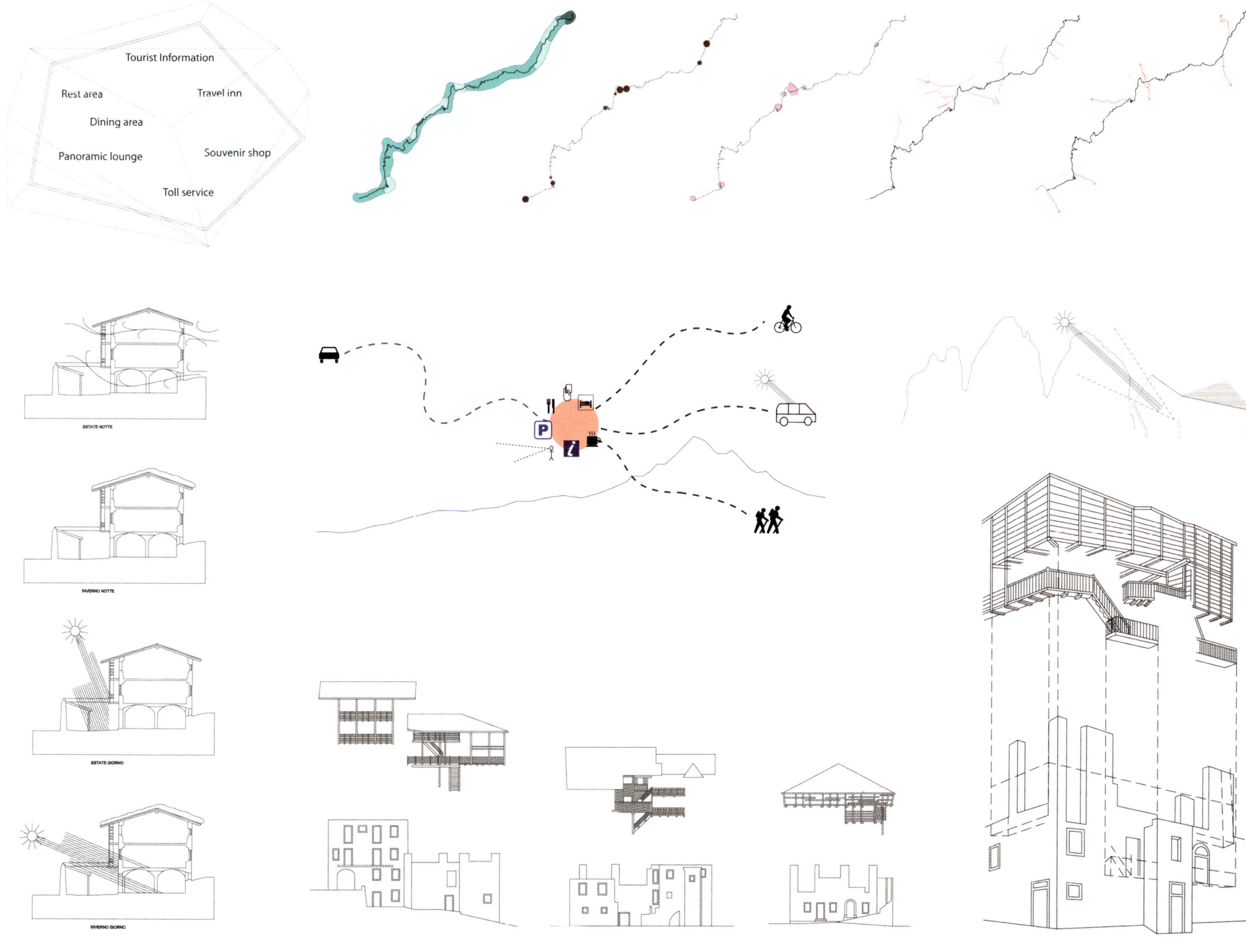

DAL PAESAGGIO ALL'ARCHITETTURA

FROM LANDSCAPE TO ARCHITECTURE

Fabrizio Bosetti
Giovanni Dal Monte
Loris Sighel
Alice Vangelista

> Il tema che abbiamo affrontato è quello delle strutture ricettive, analizzando il paesaggio, le strutture già presenti e ipotizzando un nuovo insediamento e il recupero di uno esistente a Pinzolo. È stato interessante che ognuno di noi portasse avanti un aspetto diverso all'interno di un'unica tematica.

1951

2007

0 - 200   200 - 600   600 - 1000

1000 - 2000   2000 - 3000   3000 - 5000

5000 - 10000   10000 - 15000   15000 +

Incremento di popolazione nelle aree dolomitiche
Increase of the population in the dolomitic area

ANNO 2008 - **ARRIVI**		ANNO 2008 - **PRESENZE**	
esercizi alberghieri	173.404	esercizi alberghieri	866.175
esercizi complementari	34.371	esercizi complementari	135.541
alloggi privati	88.387	alloggi privati	938.035
seconde case	156.056	seconde case	1.495.948
TOTALE	**452.218**	**TOTALE**	**3.453.699**

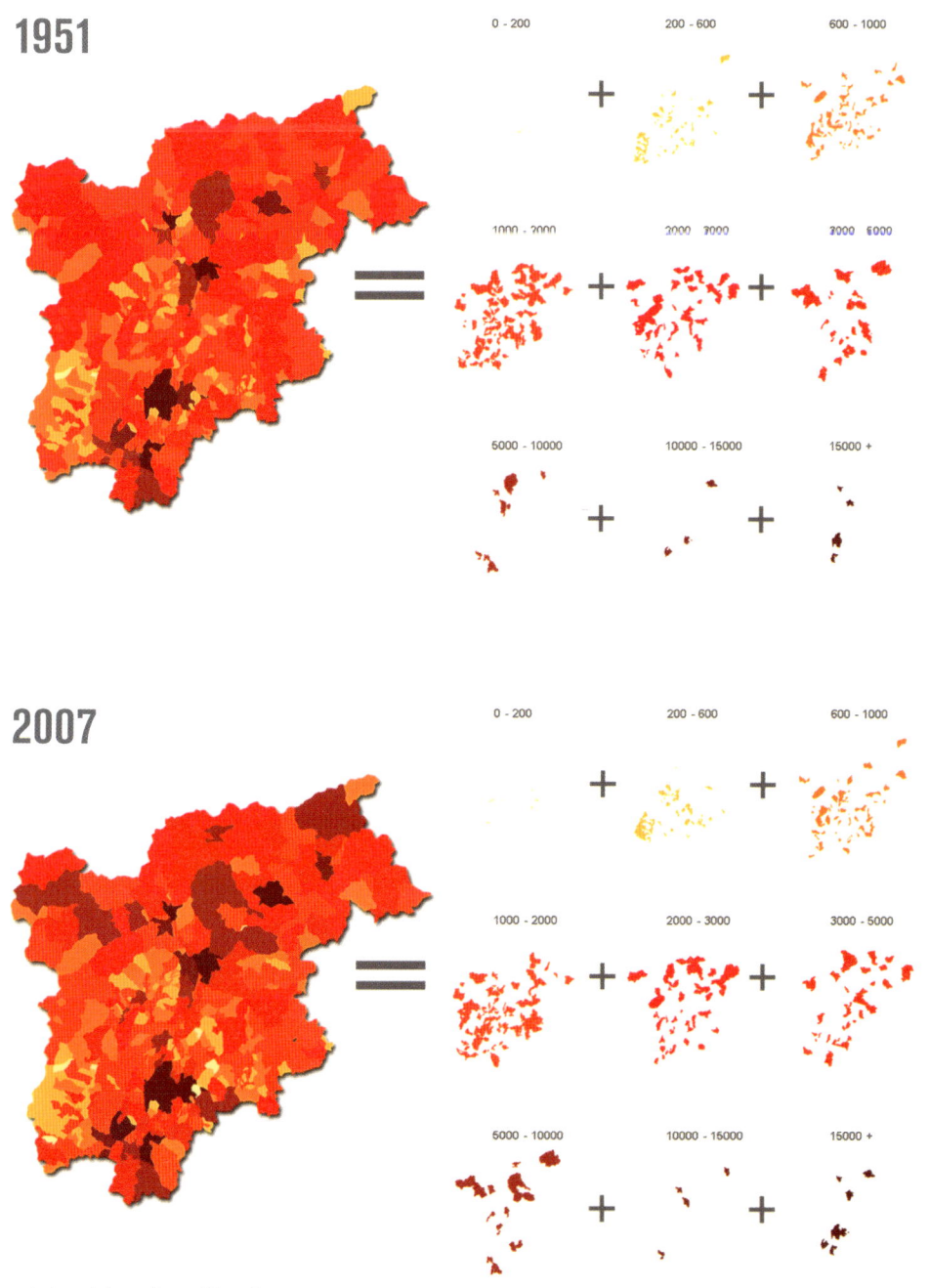

Esempi di architetture alpine, di Matteo Thun
Exaples of alpine architecture, by Matteo Thun

Sopra, progetto di hotel a Pinzolo.
A sinistra, il recupero d'una baita
Above, hotel design in Pinzolo.
On the left, recovering of a chalet

PASSI DOLOMITICI

DOLOMITIC PASSES

Diego Dal Prà
Alessandro Penna

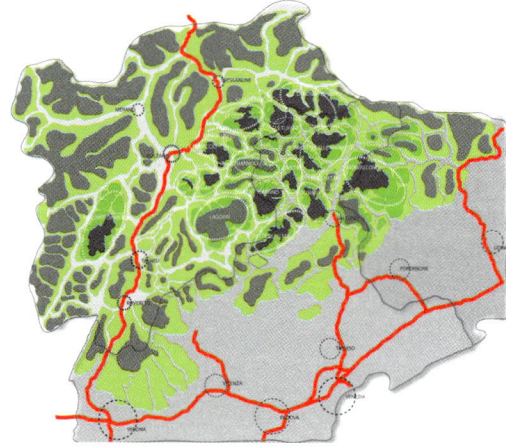
Rete autostradale

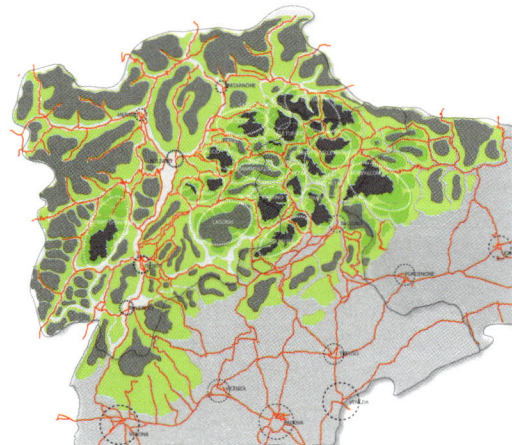
Rete stradale secondaria

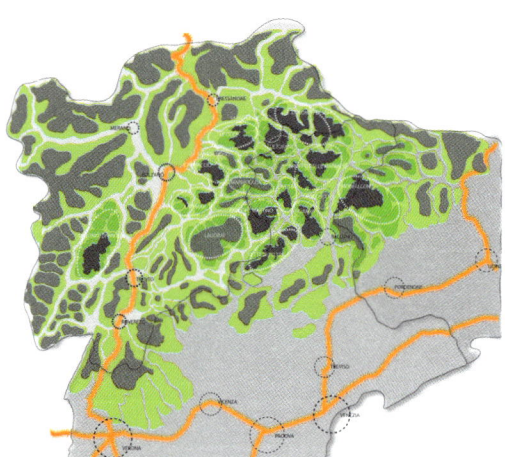
Rete ferroviaria principale

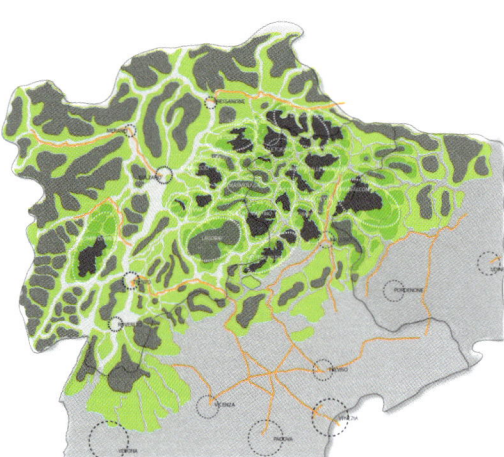
Rete ferroviaria secondaria

> Abbiamo affrontato il tema della mobilità, con l'obiettivo di trovare un'alternativa ai tradizionali mezzi di trasporto "verso e nelle" zone alpine. In base ai dati raccolti si è rilevato che il trasporto su gomma resta ancora il più diffuso, con un incremento costante del livello di inquinamento. Il modello di trasporto progettato rappresenta un punto di partenza per un nuovo modo di pensare il futuro, un esempio facilmente riproducibile e puntualmente implementabile.

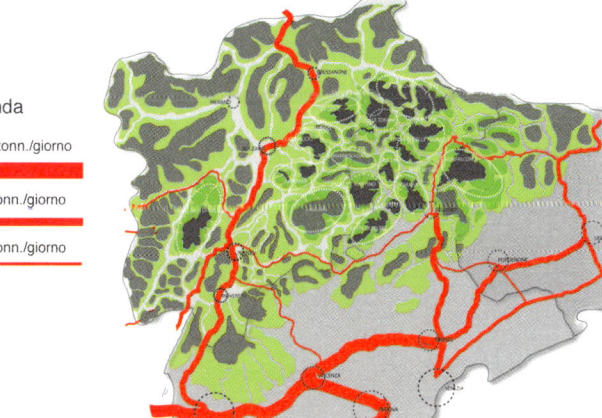

Legenda
— 100000 tonn./giorno
— 50000 tonn./giorno
— 20000 tonn./giorno

Volume dei flussi stradali

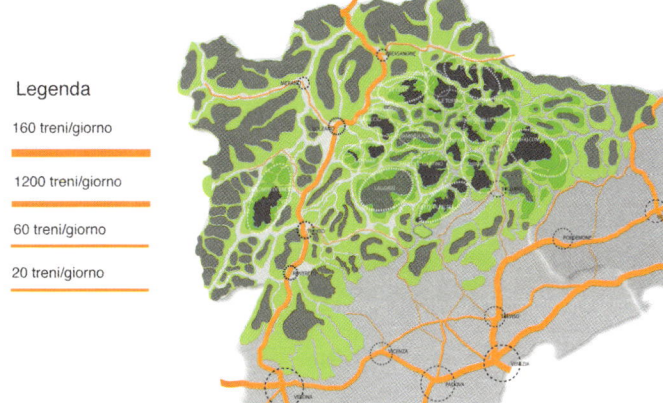

Legenda
— 160 treni/giorno
— 1200 treni/giorno
— 60 treni/giorno
— 20 treni/giorno

Volume dei flussi ferroviari

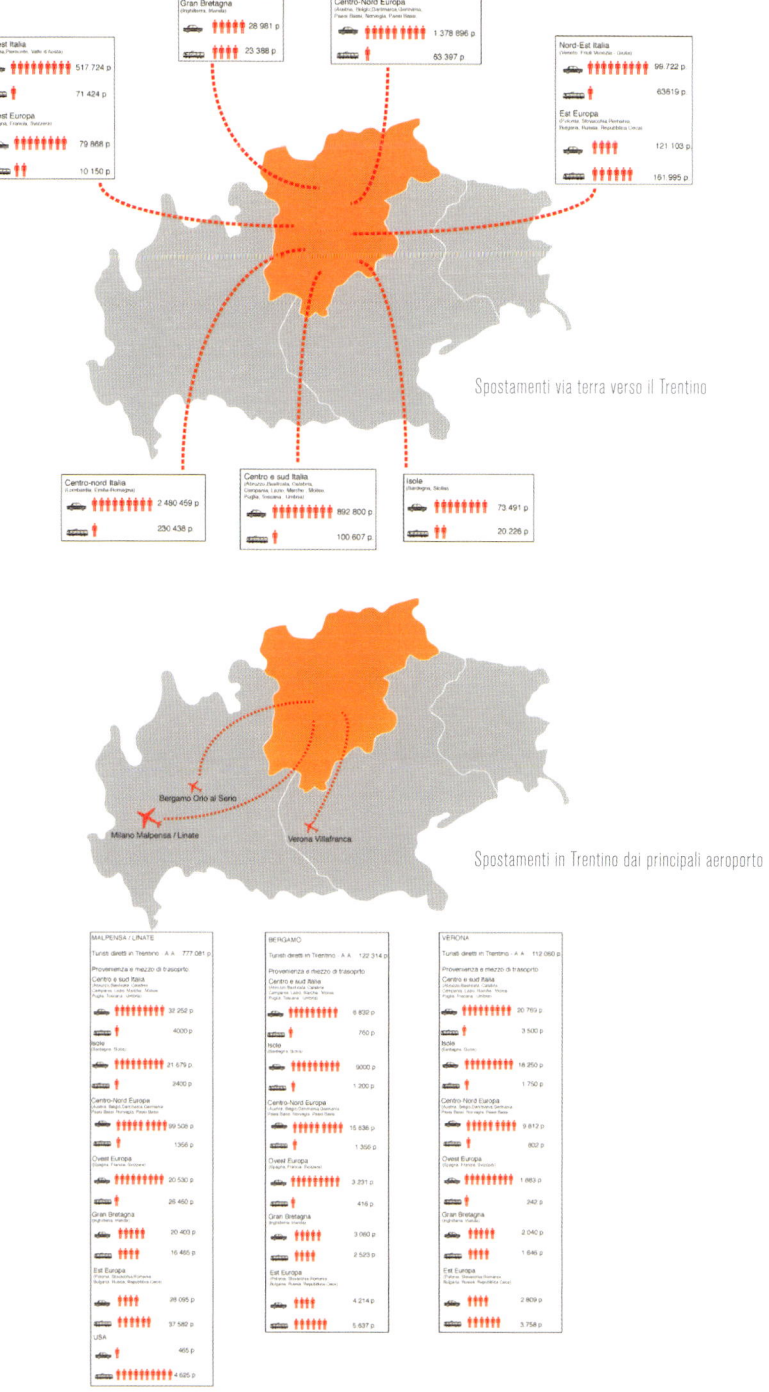

Spostamenti via terra verso il Trentino

Spostamenti in Trentino dai principali aeroporto

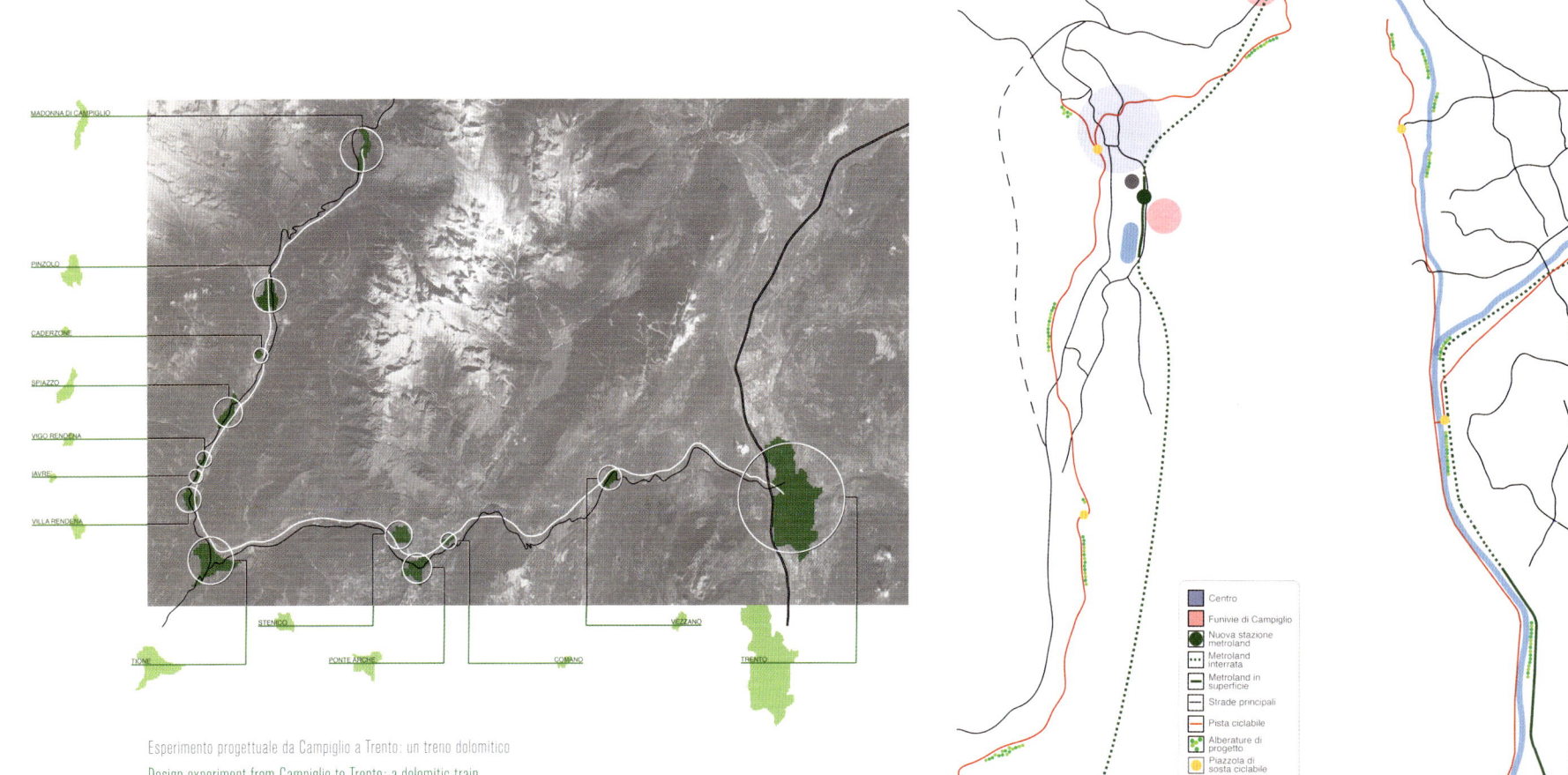

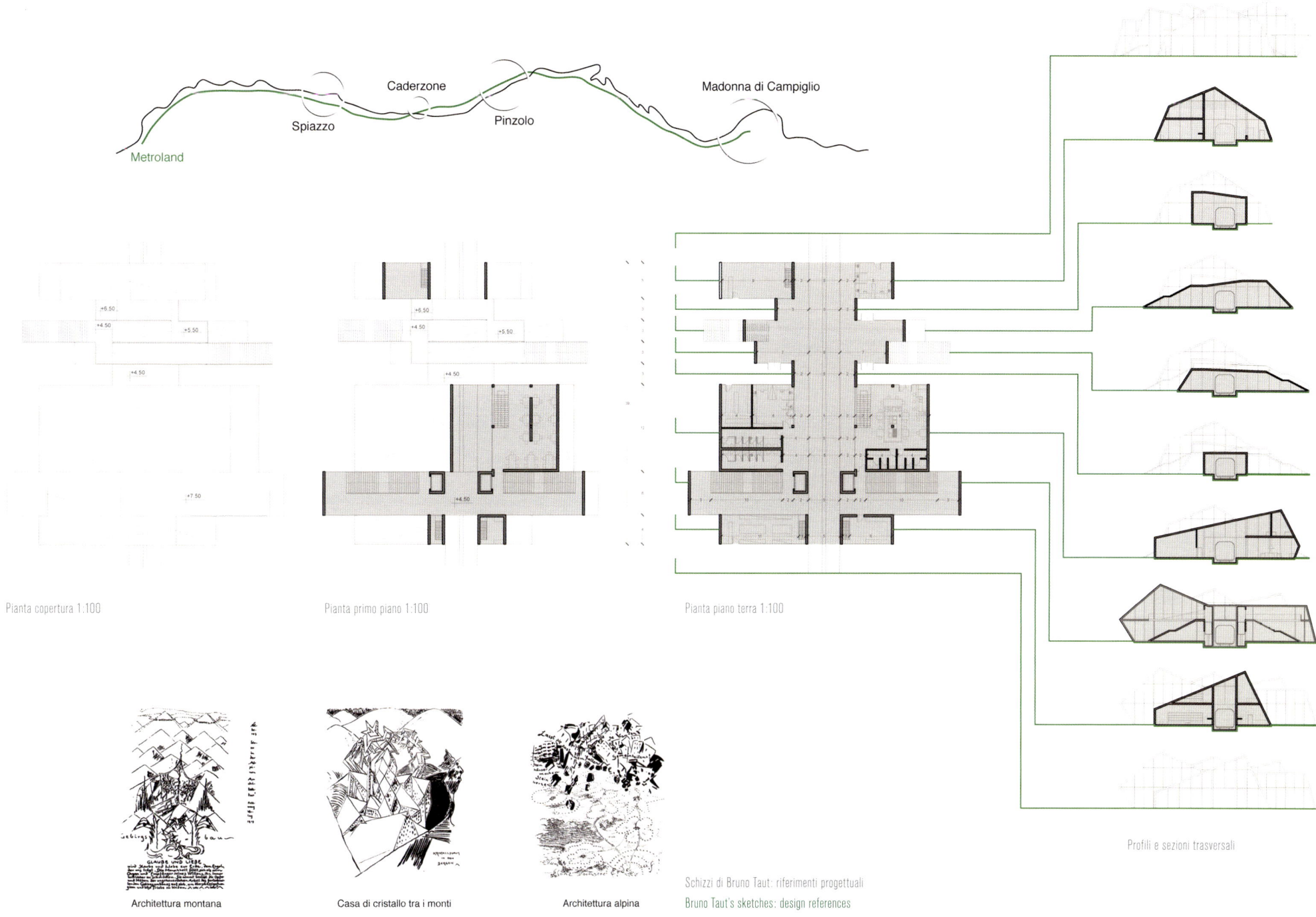

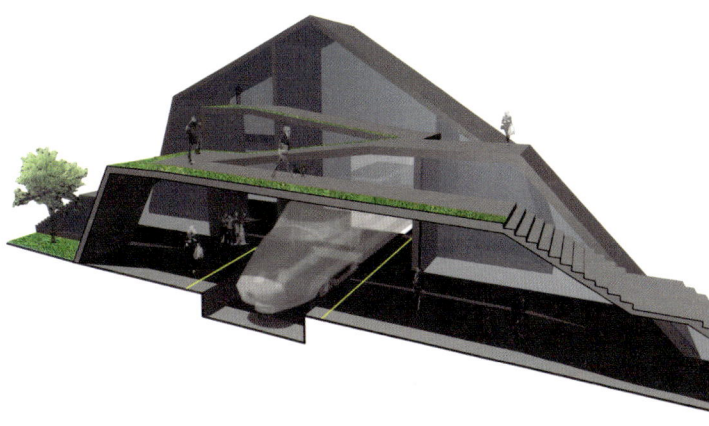

Il progetto delle stazioni ispirato alle forme alpine
The design of the stations inspired by the alpin shapes

APPENDICE
ADDENDUM

 Arabba - pag.31
 Caprile - pag.32
 Caprile - pag.33
 Canazei - pag.34
 Alta Badia / Villa Stern / Badia - pag.35

 Colfosco / Alta Badia - pag.36
 Colfosco / Alta Badia - pag.37
 Cavalese - pag.38
 Cavalese - pag.39
 Val Dimaro / Male / Caldes - pag.40

 Vigo di Fassa - pag.40
 St. Ulrich - Ortisei - pag.41
 Cortina - pag.42
 Cortina - pag.43
 Corvara - pag.44

 Castelrotto - pag.45
 S.Martino di Castrozza - pag.46
 Molveno - pag.47
 Selva Val Gardena - pag.48
 Selva Val Gardena - pag.48

 Selva Val Gardena - pag.49
 Arabba - pag.51
 Arabba - pag.52
 Colfosco / Alta Badia - pag.53
 Falzarego - pag.53

Marmolada - pag.54

Marmolada - pag.54

Marmolada - pag.55

Passo Gardena - pag.56

Passo Pordoi - pag.57

Passo Pordoi - pag.58

Passo Pordoi - pag.59

Passo Rolle - pag.60

Passo Rolle - pag.61

Passo Rolle - pag.62

Passo Rolle - pag.63

Predazzo - pag.64

Catinaccio - pag.65

S.Martino di Castrozza - pag.66

Cavalese - pag.67

Passo Sella - pag.68

Passo Sella - pag.69

Passo Sella - pag.69

Passo Sella - pag.70

Passo Sella - pag.71

"Il paesaggio è la percezione di uno spazio, di un territorio determinato. L'osservazione di un paesaggio da una prospettiva ecologica, significa, al di là di un semplice insieme di immagini, un sistema di informazione immediata sulle potenzialità e i limiti del territorio...."

"The landscape is the perception of a space, of a given territory. The observation of a landscape from an ecological perspective -that is to say, beyond a mere glance at images- immediately supplies us with information on the potentialities and limitations of the territory..."

Xavier Mayor Farguell, in GeoCat, Iaac 2004

Published by | Pubblicato da
LISt Lab Laboratorio
Internazionale Editoriale
Barcelona (Spain)
www.listlab.eu
(Italy | Italia: Trento)

**Co-publishing with |
In coedizione con**
Printer Trento
Via alle Ròste,12 – Trento

**Book concept and Editor |
Ideazione e cura del volume**
Pino Scaglione

Project and realization of the pictures | Progetto e realizzazione delle immagini
Gregor Sailer

Art direction and cover design
Massimiliano Scaglione

Graphic design
Daniele Sandri

Translations | Traduzioni
Violeta Toro Freund

ISBN – 9788895623306
© dell'edizione, LISt Lab
© dei testi, gli autori
© delle immagini, gli autori;
All right reserved | Tutti i diritti riservati
The editor is willing to acknowledge any copyright of the images wich could not be possible find sources of origin. |
Il curatore si rende disponibile a riconoscere eventuali copyright di immagini delle quali non è stato possibile reperire le fonti di origine

Printed and bound in the European Union | Stampato e rilegato in Unione Europea
settembre 2010
Printing | Stampa
Printer Trento

**Scientific board of the List Edition |
Board scientifico di List:**
Eve Blau (Harvard GSD),
Maurizio Carta (Università di Palermo),
Alberto Cecchetto (Università di Venezia), Stefano De Martino (Università di Innsbruck),
Corrado Diamantini (Università di Trento), Antonio De Rossi (Università di Torino), Franco Farinelli (Università di Bologna), Carlo Gasparrini (Università di Napoli), Manuel Gausa (Università di Barcellona/Genova),
Giovanni Maciocco (Università di Sassari/Alghero), Josè Luis Esteban Penelas (Università di Madrid),
Alberto Clementi, Pepe Barbieri, Rosario Pavia (Università di Chieti),
Mosè Ricci (Università di Genova),
Roger Riewe (Università di Graz),
Pino Scaglione (Università di Trento)

LISt Lab is an editorial workshop, set in Barcelona, works on the contemporary issues. List not only publishes, but also researches, proposes, endeawour, promotes, produces, creates networks.

List Lab è un Laboratorio editoriale, con sede a Barcellona, che lavora intorno ai temi della contemporaneità. List ricerca, propone, elabora, promuove, produce, mette in rete e non solo pubblica.

**International sales and promotion |
Promozione e distribuzione internazionale**
Actar D
Roca y Batlle, 2
08023 Barcelona
office@actar-d.com
www.actar-d.com

Contact | Contatti
Spain:
C/ Ferlandina, 53
08001, Barcelona
tel. +34 934422365
email: info@listlab.eu
Italy:
Piazza Lodron, 9
38100, Trento
tel. +39 0461 282665

Acknowledgement
Special thank to Gregor Sailer, Dario Martinelli and Susanna Geier for sharing the project. Additional thank to the governmental institutions to Trentino and Alto Adige and at the students of "Atelier Around Dolomiti", specially for Martina Ficicchia, Margherita Rizzi and Violeta Toro Freund.

Ringraziamenti
Ringraziamenti speciali a Gregor Sailer, a Dario Martinelli e Susanna Geier per la condivisione del progetto. Ulteriori ringraziamenti alle istituzioni pubbliche di Trentino e Alto Adige e agli studenti di "Atelier Around Dolomiti", specialmente a Martina Ficicchia, Margherita Rizzi e Violeta Toro Freund.

SITI UNESCO ITALIANI / ITALIAN UNESCO SITES

1979 Arte Rupestre della Val Camonica
1980 (e 1990) Centro storico di Roma, proprietà extraterritoriali della Santa Sede nella città e San Paolo fuori le Mura*
1980 La Chiesa e il convento Domenicano di Santa Maria delle Grazie e il 'Cenacolo' di Leonardo da Vinci
1982 Centro storico di Firenze
1987 Venezia e la sua Laguna 1987 Piazza del Duomo a Pisa
1990 Centro Storico di San Gimignano
1993 I Sassi e il Parco delle Chiese Rupestri di Matera
1994 La città di Vicenza e le ville del Palladio in Veneto
1995 Centro storico di Siena
1995 Centro storico di Napoli
1995 Crespi d'Adda
1995 Ferrara, città del Rinascimento, e il Delta del Po
1996 Castel del Monte
1996 Trulli di Alberobello
1996 Monumenti paleocristiani di Ravenna
1996 Centro storico di Pienza
1997 La Reggia di Caserta del XVIII con il Parco, l'acquedotto Vanvitelli e il Complesso di San Leucio
1997 Residenze Sabaude
1997 L'Orto botanico di Padova
1997 Portovenere, Cinque Terre e Isole (Palmaria, Tino e Tinetto)
1997 Modena: Cattedrale, Torre Civica e Piazza Grande
1997 Aree archeologiche di Pompei, Ercolano e Torre Annunziata
1997 Costiera Amalfitana
1997 Area Archeologica di Agrigento
1997 La Villa Romana del Casale di Piazza Armerina
1997 Villaggio Nuragico di Barumini
1998 Parco Nazionale del Cilento e Vallo di Diano, con i siti archeologici di Paestum, Velia e la Certosa di Padula
1998 Centro Storico di Urbino
1998 Zona Archeologica e Basilica Patriarcale di Aquileia
1999 Villa Adriana (Tivoli)
2000 Isole Eolie
2000 Assisi, La Basilica di San Francesco e altri siti Francescani
2000 Città di Verona
2001 Villa d'Este (Tivoli)
2002 Le città tardo barocche della Val di Noto (sud-est della Sicilia)
2003 Sacri Monti del Piemonte e della Lombardia
2004 Necropoli Etrusche di Cerveteri e Tarquinia
2004 Val d'Orcia
2005 Siracusa e le necropoli rupestri di Pantalica
2006 Genova, le Strade Nuove e il Sistema dei Palazzi dei Rolli
2008 Mantova e Sabbioneta
2008 La ferrovia retica nel paesaggio dell'Albula e del Bernina*
2009 Dolomiti

---
* sito transfrontaliero

PRINTER TRENTO SRL
Via alle Ròste,12 - 38121 Trento | Tel. +39 0461 957200
www.printertrento.it

Da oltre 30 anni la Printer Trento produce ogni tipo di stampato dal libro illustrato alla cartografia, dai calendari alle guide turistiche, dai libri per bambini allo stampato commerciale.
Il vicino stabilimento di Aldeno (TN) ospita il reparto di legatoria e confezione.
Una fitta rete di vendita, con propri rappresentanti nel Regno Unito, in Germania, Olanda, Belgio, Francia e nei Paesi Scandinavi consente a Printer Trento di realizzare più del 95% del proprio fatturato all'estero.
Il 14 settembre 2006 Printer Trento S.r.l., **primo stampatore in Italia**, ha conseguito la Certificazione FSC (FOREST STEWARDSHIP COUNCIL) - Chain of Custody -, associazione internazionale senza scopo di lucro che include tra i membri gruppi ambientalisti e sociali e industrie di prima lavorazione, trasformazione e commercializzazione del legno che collaborano per migliorare la gestione delle foreste in tutto il mondo.

For over 30 years Printer Trento has been printing all kinds of materials, from illustrated books to maps, from calendars to tourist guides, from children's books to commercial products. Our Aldeno plant is where binding and packaging takes place.
A close-knit sales network, with representatives in the United Kingdom, the Germany, Netherlands, Belgium, France and Scandinavia means more than 95% of Printer Trento's turnover comes from abroad.
Printer Trento **the first printer in Italy** to have been awarded the certification FSC (FOREST STEWARDSHIP COUNCIL) - Chain of Custody. FSC is an international, non-profit association whose membership comprises environmental and social groups and progressive forestry and wood retail companies working in partnership to improve forest management worldwide.